Moda, Economía y Sociedad

Veneziani, Marcia Cora
Moda, economía y sociedad. - 2a ed. - Buenos Aires : Nobuko, 2017.
174 p. : il. ; 21×15 cm.

ISBN 978-987-584-466-7

1. Sociología de la Cultura. 2. Estudios Sociales. 3. Diseño de Modas. I. Título
CDD 306

DISEÑO DE TAPA
María del Mar Ketlun

FOTOGRAFÍA DE TAPA
Leandro Allochis

DISEÑO GRÁFICO
Karina Di Pace

Hecho el depósito que marca la ley 11.723

ISBN 978-987-584-466-7
Agosto de 2017

Moda, Economía y Sociedad

MARCIA VENEZIANI

Índice

Agradecimientos

A la Universidad del Salvador dónde he realizado mis estudios universitarios y de Doctorado. Entre las personas a las cuales deseo agradecer particularmente se encuentran: el Dr. Pedro Naón Argerich quien, como Director del Doctorado en Comunicación, con su invalorable estímulo colaboró de manera decisiva para la ejecución de la Tesis Doctoral y al Profesor Leonardo Cozza, quien pacientemente ayudó en la consolidación de la misma desde su cátedra de Metodología de la Investigación.

A mi tutor de Tesis, el Dr. Roberto Aras, por sus oportunas observaciones, por su guía y generosa dedicación.

Al Pbro. Dr. Alejandro Llorente por la confianza depositada en mis estudios de Doctorado.

A las Instituciones y personas que han colaborado en la búsqueda de la documentación necesaria: el Archivo de la Editorial Atlántida y a su equipo de trabajo (Ing. Abel Valenzuela, Carlos Jiménez, José Marchese, Marcos Borghetti y Gabriel Muscio) y la Biblioteca de la Universidad de Palermo y muy especialmente a Roberto Cagnoli, Manuela Martín Irigoyen y Graciela Deveze.

No quisiera olvidar en la reseña de estos agradecimientos a mis amigos Silvia Itkin, Marcelo Schaer, Paz Trebino y Astrid Diaz Zahn por el apoyo incondicional, a mi madre, por sus magníficos relatos sobre la Belle Époque, a mi hija Martina, incansable compañera de viajes.

Y por último y muy especialmente a mi marido José Enrique, quien me ha alentado y sostenido en éste y en cada uno de los proyectos que he emprendido a lo largo de los años.

Marcia Veneziani

Prólogo

La complejidad creciente del "sistema de la moda" en nuestras sociedades hiperinformadas y sometidas a la estetización continua del mercadeo *fashion* y la lógica del espectáculo, ha dado lugar a la aparición de numerosos estudios con la finalidad de desentrañar la arquitectura interna y las tendencias incoadas en el fenómeno de la producción-consumo indumentario. Sin embargo, pocos han hecho el esfuerzo por tratar de comprender a la moda como el evento transicional que revela la velocidad que tiene impuesta la vida colectiva en un punto de su historia, por un lado, y el catálogo de las preferencias íntimas que regulan el funcionamiento de la civilización occidental, por otro.

Walter Benjamin enseñaba que "cuanto más breve es una época, tanto más se encuentra remitida a la moda"[1] y esa afirmación nos interpela hoy no sólo acerca de los límites epocales de nuestra propia existencia sino que también –y sobre todo– dispara las preguntas que nos interrogan sobre el significado de la identidad, de los vínculos y de las coordenadas mnémicas sobre las que se ejecutan nuestras preferencias vitales fundamentales. Es evidente que las implicaciones económicas y comerciales que genera la moda en la actualidad pueden ser objeto de un análisis que transita desde la logística de distribución hasta el financiamiento de las industrias culturales, pero someter a la moda a un examen como paradigma del consumo ostensible, transposición de mecanismos biológicos, código cultural y motivo para la renovación de recursos técnicos, es algo, desde ya, poco frecuente en la bibliografía especializada.

Los textos que componen este libro fueron originalmente concebidos por la autora para la tesis de Doctorado en Comunicación Social, defendida en la Universidad del Salvador en 2010. En ellos quedan, pues, impresas

[1] Benjamin, W., *Libro de los Pasajes*, Akal, Madrid, 2005, p. 107 (fragmento B9, a1).

las analogías de un itinerario que buscaba dar coherencia a los factores sociales, económicos, psicológicos y filosóficos en el inicio de dos siglos: XX y XXI, pero –con acierto– ha reducido y simplificado la redacción con el propósito de facilitar la lectura a un público no necesariamente familiarizado con los tecnicismos ligados al enfoque sociológico-comunicacional.

El orden de presentación dispone, naturalmente, primero el contexto histórico de la moda en Europa, los Estados Unidos y en nuestro país para inferir de ello la conexión entre los acontecimientos políticos y económicos, y las corrientes profundas de los usos indumentarios.

Luego, se detallan dos perspectivas complementarias: la de T. Veblen y la de J. Ortega y Gasset, que buscan explicar la moda a partir de sus raíces antropológicas antes que por mero capricho o por decisión de unos pocos extravagantes. Así, Veblen sostiene en su célebre libro *La Teoría de la Clase Ociosa*, que el impulso que regula las condiciones de la moda surge del afán por distinguirse a través del gasto superfluo y la exposición del rango social a través de objetos ostensibles, es decir, visualmente reconocibles. La psicología motivacional y el análisis de los sentimientos guían a este autor a encontrar afinidades –hasta entonces desconocidas– entre las decisiones económicas y las pasiones humanas. En Ortega y Gasset, la moda aparece como el instrumento privilegiado para adentrarse en el ideario compartido por una época y por eso, rechaza de plano el uso del adjetivo "frívolo" para aplicarlo a los asuntos relacionados con la moda. La sociedad de masas, anticipada genialmente por el filósofo español, es el contrapunto social de la búsqueda frenética de novedades que acelera el ritmo histórico al compás de la moda.

Cuando se advierte, entonces, que la moda es la consecuencia de una manera de ser y de instalarse en el mundo, que descubre la anatomía anímica de un pueblo, es fácil comprender que ella constituye un "código cultural" que replica en el campo del espíritu las líneas de identidad que pueden encontrarse en el "código genético" de la materia viviente. De esta manera, la moda queda constituida en un espacio de expresión sujeto a la posibilidad de múltiples interpretaciones y diagnósticos.

Ahora bien, en tanto el ropaje como perímetro de la extrema visibilidad del cuerpo ingresa en el ámbito de la moda sin objeciones, el perfume concebido como un intangible que cubre un "área personal" de fuerte contenido simbólico, se presenta todavía con reminiscencias cuasi-mágicas que remiten a ritos de defensa y protección.

Finalmente, si la moda permite elaborar pensamientos tan extendidos y profundos sobre lo humano, se justifica plenamente el intento por elaborar una "metafísica" de la moda que levante vuelo por sobre las variaciones y penetre en la misma esencia de la variación que es, a la vez, el atributo del hombre histórico por excelencia.

En suma, tiene el lector en sus manos una obra desafiante, que lo invita a pensar en la moda desde perspectivas diferentes pero, al mismo tiempo, convergentes. ¿Podrá ser la moda en el futuro una clave para revelar aspectos del destino humano? Los conflictos y los desentendimientos mutuos entre los pueblos, ¿serán susceptibles de caer bajo la mirada de la moda y sus polaridades constitutivas: la individualidad y la comunidad, lo propio y lo ajeno, la similitud y la diferencia?

Bien vale la pena acometer, junto con Marcia Veneziani, la tarea de intentar una explicación de la moda que resuelva –al menos en parte– alguno de aquellos interrogantes y que, simultáneamente, nos prepare para enfrentar nuevas preguntas, las cuales, quizás, también luzcan como las anteriores, pero que confirmarán con su continuidad la inextinguible sucesión de lo actual y lo pasado.

Roberto E. Aras

Doctor en Filosofía (Universidad de Navarra, 2004). Licenciado en Filosofía (UCA, 1987) Profesor Titular Ordinario en la Pontificia Universidad Católica Argentina en el Instituto de Ciencias Políticas (ICPRI) y en el Instituto de Comunicación Social (ICOS). Secretario Académico de la Facultad de Ciencias Sociales, Políticas y de la Comunicación de la Universidad Católica Argentina. Además de la gestión universitaria, se ha dedicado a los problemas filosóficos vinculados con la ética de la comunicación, publicando numerosos artículos en revistas especializadas y colaboraciones en obras colectivas, como *Ética de la comunicación entre dos continentes* (Buenos Aires: EDUCA, 2009) Entre sus libros se destaca *El mito en Ortega* (Pamplona: Eunsa, 2008).

1.

Moda e historia: una relación interesada

La *Belle Époque*

"... Aparece ese fenómeno especialmente en los períodos transitorios en los que la democracia no está consolidada y en los que la aristocracia aún no está desmantelada. El dandismo es el último esplendor del heroísmo en decadencia. Es un sol que declina. Como una estrella que se apaga, es soberbio pero ya no tiene poder y destila melancolía..."[1]
CHARLES BAUDELAIRE

No se puede hablar de moda sin hacer referencia al contexto histórico y social en que ha nacido. Ella es el reflejo de los sucesos que ocurren en la sociedad y también da cuenta de cómo sus miembros actúan y se comportan unos con otros. De todos los períodos recientes, el fin del siglo XIX y los primeros años del siglo XX se ofrecen a la reflexión como un momento privilegiado para avanzar en un diálogo con nuestra actualidad. Precisamente, en torno a la moda, los puntos de contacto son muchos y nos permiten descubrir

[1] Baudelaire, Charles, "El Dandi", en *Salones y otros escritos sobre el arte*, trad. cast. Carmen Santos, Ed. Visor Dis, Madrid, 1997, Cap. IX, p. 379.

un subsuelo de gestación de las tendencias en las vestimentas y los adornos que supera el interés por lo superfluo y se inscribe en el descubrimiento de los resortes más profundos del alma humana.

Precisamente, el período de la historia europea conocido como la "Belle Époque" transcurrió entre los años 1890 y 1914. La Feria de París (1900) obró como el ejemplo paradigmático de aquellos tiempos que desplegaron una euforia ilimitada en torno al consumo y al arte. "... en las riberas del Sena se levantaban los edificios que contenían los pabellones de cincuenta naciones foráneas en rivalidad de lujo, ostentación y originalidad...".[2] La Torre Eiffel, construida en 1889 para el centenario de la Revolución Francesa, se constituyó en el símbolo de estos tiempos de esplendor, pero también una rueda enorme de la cual pendían cabinas repletas de visitantes que deseaban ver París desde arriba y que giraba sin parar. Se calcula que más de cincuenta millones de visitantes pasaron por ella.

"La ciudad de las luces", como se bautizó a París, se modernizó. Fue el momento de construir edificios, museos, puentes y negocios. La máquina de vapor, el ferrocarril, los tranvías y los subterráneos favorecieron las comunicaciones hacia y dentro de la capital francesa.

No sólo la clase alta gozaba de este bienestar, sino que a ella se sumaba la clase media, siguiendo los ritmos de la moda y de la diversión en un clima de felicidad permanente y segura. Si bien los estratos de menores recursos no podían acceder a los grandes lujos, se implementaron los juegos deportivos que incorporaban desde el boxeo, el tenis, el ciclismo, hasta la aviación y el automovilismo como formas de canalización del tiempo libre.

Mientras el arte florecía (fueron los tiempos del impresionismo, del teatro, de la música) la moda mostraba joyas, plumas, grandes sombreros y telas suntuosas. Todo se adornaba. Fue un período de marcada exposición pública y gran opulencia en el vestir.

[2] De Areilza, José María (de la Real Academia Española), *París de la Belle Époque*, Ed. Planeta, Barcelona, 1989, p. 13.

No fue casual así que, en 1895, los hermanos Lumiére hicieran la presentación del cinematógrafo. Su invención tuvo rápidamente repercusión en los Estados Unidos de Norteamérica y el éxito al otro lado del océano fue espectacular: las salas se colmaban y como la demanda era continua, se comenzaron a producir en Francia películas en serie para destinarlas al fervoroso público americano.

Se bailaba, se cantaba, París se pobló de restaurantes y bares: un optimismo sin fin parecía preceder el brusco final en 1914. Como escribió Virginia Cowles en *Eduard VIII and his circle* (London, 1956) al referirse a la *Belle Époque* "... hubo una avalancha de bailes, cenas y fiestas en las casas de campo. Se gastaba más dinero en ropa, se consumía más comida, se montaba más a caballo, se cometían más infidelidades, se mataban más pájaros, se encargaban más yates y se trasnochaba más de lo que nunca se había hecho antes...".[3]

También el *Titanic*, considerado el barco más grande del mundo jamás fabricado fue un símbolo de aquellos tiempos. Construido en Belfast por la Compañía Naviera *White Star Line*, partió de las costas de Southampton el 10 de abril de 1912 con el fin de llegar a New York en una semana. La desafiante frase atribuida a uno de los tripulantes del enorme y lujoso navío "ni Dios podrá hundirlo" profetizaba el fin no sólo del trasatlántico que colisionó contra un iceberg cuatro días más tarde, sino también el de una época que dos años después iba a llegar a su término con el estallido de la Primera Guerra Mundial.

Al mismo tiempo, en los Estados Unidos de Norteamérica, el economista Thorstein Veblen describía con una mirada crítica la sociedad americana del tiempo de la *Belle Époque,* cuando la riqueza era la que marcaba la diferencia. Para el autor americano, la clase más pudiente en ese período, recurría al derroche, es decir, al consumo conspicuo para lograr prestigio social.

Este autor describió el mundo de la clase más pudiente como "ociosa" y que se revelaba a sí misma como consumidora con la única finalidad de ostentar,

[3] Laver, James, *Breve historia del traje y la moda*, Ensayos Arte Cátedra, Madrid, 2006, p. 215.

de hacerse ver. Una muestra de vanidad y vanagloria que denotaba, a su vez, el rechazo por todo tipo de trabajo y producción.

La alta sociedad se dedicó, pues, a la vida permisiva en todos los ámbitos, desde las drogas hasta las costumbres liberales del sexo, en una exaltación de la vida peligrosa y aventurera. Una aproximación a aquél espíritu danzante y erótico de la vida nocturna parisina de la *Belle Époque* nos lo proporcionaron los retratos, afiches publicitarios y dibujos del impresionista y maestro del *Art Nouveau*, Henri de Tolouse Lautrec.

Al mismo tiempo, otro joven pintor español entraba en escena para romper con el arte figurativo en este período: Pablo Picasso y su primera obra expresionista y sorprendente: "Les demoiselles d'Avignon" (1907).

También la política se reflejó en la moda: el zar de Rusia visitó París en 1896 y sus pieles causaron la admiración de los círculos de la alta sociedad e impusieron su estilo. Esto se manifestó en la inmediata adopción de las pieles tanto en el vestuario masculino como en el femenino.

Luego de la revolución francesa, la moda había comenzado a imponerse en Europa a través de sastres y dibujantes. Ésta, según Corrado Fatta,[4] atravesó todos los estratos sociales y por lo tanto la moda pasó a transformarse "en un motor de nivelación e igualitarismo por ser cada vez más accesible y de mayor alcance hacia todos".

Asimismo, "el dandismo no fue la extravagancia en el vestir sino exactamente lo contrario de la exageración afectada. Significó la aparición de la noción de elegancia en la indumentaria del hombre y de la mujer modernos".[5] Podría decirse que fue una reacción contra los gustos de los reyes y de la corte en el terreno de la moda ("Porque pronto se adivinó que muchos monarcas tenían poco o ningún gusto para vestirse"[6] –según refiere Nystrom, economista que

[4] Fatta, Corrado, "Du snobisme", París, Ed. Buchet-Castel, 1961, en De Areilza, José María (de la Real Academia Española), *París de la Belle Époque*, Ed. Planeta, Barcelona, 1989, p. 46.

[5] Laver, James, *Dandies*, en ibídem, p. 46.

[6] Ibídem, p. 47.

Figura 1. Toulouse-Lautrec, Henri; Marie Raymond, "Moulin rouge: la Goulue" (litografía a colores, 1891).

Figura 2. Picasso, Pablo; "Les demoiselles d'Avignon" (óleo sobre lienzo, 1907).

estudió los orígenes de ese fenómeno que surgió en Inglaterra de la mano de George Brummel unos años antes).

Como bien nos lo recuerda Umberto Eco, el dandi no era ni un artista, ni un filósofo, era simplemente un hombre que a través de la elegancia en el vestir, manifestaba amor a la belleza. Su originalidad residía en combinar los gestos provocadores y un lenguaje extravagante con la simplicidad de su indumentaria.

Mientras los artistas pintaban cuadros o escribían obras literarias, "el dandi entiende este ideal como culto a la propia vida pública, que hay que *trabajar*, modelar como una obra de arte para convertirla en un ejemplo triunfante de belleza. No es que la vida esté dedicada al arte, es el arte el que se aplica a la vida. La vida como arte".[7]

Gracias a Brummel, los hombres comenzaron a usar el pantalón largo, que en realidad había nacido en Francia como símbolo de reacción de los revolucionarios contra la nobleza que vestía pantalones cortos durante las guerras napoleónicas. Por su estilo simple, pulcro, sus camisas inmaculadas y sus corbatas, era considerado extravagante y fue imitado luego no sólo por los miembros de la aristocracia en su época y también años más tarde, por muchos artistas (entre los que se encontraba Oscar Wilde).

Más tarde, el dandismo cruzó la frontera y se instaló en Francia adoptándolo Charles Baudelaire, quien además escribió sobre el tema en su ensayo "El Dandi".[8]

Para el escritor y poeta, el ocio, la riqueza, la elegancia, y la aristocracia, formaban parte del espíritu del dandi. Baudelaire afirmaba que su vestimenta era una "expresión simbólica de la aristocracia del espíritu". Él mismo, sucumbió a los encantos del dandismo y cuando sufrió una grave depresión, la manifestó en su vestimenta de luto: "Voy de duelo por la época que nos ha tocado vivir", decía.

[7] Eco, Umberto, *Historia de la Belleza*, Ed. Lumen, Barcelona, 2007, p. 334.

[8] Baudelaire, Charles, "El Dandi", en *Salones y otros escritos sobre el arte*, trad. Carmen Santos, Ed. Visor Dis, Madrid, 1997, Cap. IX, p. 37.

Baudelaire veía al dandismo como una necesidad de "oposición y rebeldía", de "combatir y destruir la trivialidad", y lo comparaba con la religión mediante dos ejemplos: La regla monástica más rigurosa, la orden irresistible del "Viejo de la Montaña" que ordenaba el suicidio a sus discípulos embriagados, no eran más despóticos ni más obedecidos que esta doctrina de la elegancia, y de la originalidad, que impone, ella también, a sus ambiciosos y humildes sectarios, hombres frecuentemente llenos de fogosidad, de pasión, de valor y de energía contenida, la terrible fórmula: "Perrinde ac cadáver".[9]

En relación con la vestimenta femenina, el *corset* modificaba la silueta femenina en forma de "S" levantando el busto hacia arriba. Todo se adornaba: con puntillas, con encajes almidonados, con lentejuelas, con plumas, cuellos de pieles, los sombreros eran enormes y en muchos casos con plumas. Las blusas estaban confeccionadas con mangas abullonadas a la altura de los hombros. En la primera parte del período *eduardiano* los cuellos eran altos y más tarde, al finalizar el período mencionado, los escotes fueron pronunciados.

En este punto, la vestimenta de la época podía considerarse como "artística" no sólo por su vistosidad, sino también por los detalles y la creatividad de los trajes. Reinaba la exageración. Los sombreros enormes y los peinados altos hacían de esta mujer una figura imponente.

También la música tuvo un importante impacto en la época. Son cabales ejemplos, los Ballet Rusos con la figura de Nijinsky como bailarín principal e Igor Stravisnky, compositor de la "Consagración de la primavera", que se estrenó en París el 29 de mayo de 1913.

De Areilza recuerda que así como las más terribles críticas cayeron sobre la obra del músico y del bailarín en la primera función, las pieles con las que se envolvía el empresario ruso Diàguilev, influyeron en la moda del momento. Estas pieles comenzaron a ser señal de distinción y su uso se extendió a los cuellos y a las manos para cubrirlas del frío

[9] "Cómo un cadáver". Expresión de San Ignacio de Loyola en sus Constituciones prescribiendo la obediencia a los jesuitas. Ibídem, p. 379.

En las últimas décadas del siglo XIX, como indica Alison Lurie, "... la mujer siguió ganando tamaño y edad. Su talla era señal de una cada vez mayor presencia pública; las mujeres iban ahora a la universidad en cifras cada vez mayores, eran muchas las que trabajaban para ganarse la vida y luchaban por conseguir igualdad legal y política. Pero aún cuando se quedase en casa como un adorno, la mujer tardovictoriana y eduardiana era físicamente una criatura impresionante..."[10]

La silueta femenina cambió muchas veces, pues, desde fines del siglo XIX hasta el comienzo de la Primera Guerra Mundial.

Fue entonces que comenzaron a mezclarse las clases sociales. Una evidencia de este proceso fueron los llamados "trajes sastre". Su implementación, se debió a que muchas mujeres de la clase media habían comenzado a trabajar y, como se ha observado en investigaciones anteriores,[11] cuando el rol de la mujer cambia (o se asoma a la esfera pública) también lo hacen sus ropas. Hay que tener presente que por aquellos años se iniciaba un sutil movimiento por parte de algunos grupos de mujeres respecto de la posibilidad de sufragar.

Siguiendo con las observaciones de Laver, "la silueta femenina empezó a modificarse ligeramente en 1908: el busto ya no se echaba tanto hacia delante ni las caderas tanto hacia atrás...".

En París, la bicicleta se había puesto de moda, debido a las insistencias de los médicos en su uso por parte de las mujeres con dolencias "cloróticas" y, así, comenzaron a utilizarse grandes pantalones al estilo "bombachas" y medias cortas de lana como se pueden observar en algunas pinturas de la época.

Pero una figura masculina de la *Belle Époque* iba a liberar a la mujer del corset: el modisto francés Paul Poiret. El joven parisino frecuentaba los ambientes bohemios y de vanguardia de la capital francesa. Influenciados por los poetas y pintores que liberaban al arte de las ataduras, el comenzó a

[10] Lurie, Alison, *El lenguaje de la moda*, Ed. Paidós, Barcelona, 2002, p. 88.

[11] Veneziani, Marcia, *La imagen de la moda*, Ed. Nobuko, Buenos Aires, 2007.

desear hacer lo mismo con la vestimenta femenina. Para Poiret, esta última no condecía con el espíritu de la época. Eran tiempos de mucho movimiento: no sólo por los deportes, sino también por las corrientes intelectuales y artísticas del momento.

Areilza menciona: "Lo que la mujer rechaza es lo que le da su categoría. ¿Por qué hacer de su cuerpo un templo cargado de objetos inútiles?"[12] Poiret calificaba a los trajes de la mujer como "fardos recargados, cómo víctimas de una sujeción artificial que les daba el aire de remolcar su propio cuerpo"; por eso, tomó de las esculturas greco-romanas: "su sencillez y sensibilidad": vestimentas que se apoyaban en los hombros y caían ligeras descubriendo la belleza de las piernas femeninas. Luego de los escollos iniciales, su éxito no sólo se dio en Europa, sino que cruzó el Atlántico y comenzó a vender sus modelos en los Estados Unidos de Norteamérica.

El fin de la *Belle Époque* también anticipaba el fin del auge del artista de la moda. La Primera Guerra Mundial le dejó secuelas insalvables en su salud y en su fortuna personal. Murió en París poco antes que terminara la Segunda Guerra Mundial, como suelen hacerlo los grandes revolucionarios: pobre y rodeado de pocos amigos. Su nombre era ya casi desconocido.

Las luces de la *Belle Époque* se iban apagando y, mientras, los hombres marchaban a la guerra en 1914, algunas mujeres comenzaron a trabajar en las fábricas de armamentos, otras lo hacían de enfermeras y las damas de la alta sociedad europea reemplazaron las fiestas y la diversión por la organización de eventos con fines benéficos. Una verdadera revolución había sacudido a toda la sociedad occidental. Después de la primera Guerra Mundial nada sería igual.

[12] Op. cit., p. 124.

Mientras tanto en Buenos Aires...

Leandro Losada, en su estudio sobre "La alta sociedad en la Buenos Aires de la *Belle Époque*", hace una división de este período en tres momentos, que distribuye y a modo pedagógico lo ilustra del modo que sigue. El primer período que sería aquél comprendido entre 1880 y 1900 estuvo marcado por importantes procesos económicos y culturales debido a una incentivación de los "modos cosmopolitas" importados de Europa, una cierta afectación y formalismo copiados especialmente de las ciudades de París y Londres: meta obligada para la clase alta y para los advenedizos criollos.

El segundo período –según el mismo autor– fue aquél comprendido entre el 1900 y 1910 y corresponde a lo que él denomina "la verdadera *Belle Époque*, coincidente con el Centenario de 1910. Fue un momento marcado por el consumo de lujo y el boato; una etapa donde la aristocracia argentina se consolida y sus escenarios son el Jockey Club, el Hipódromo, el Teatro Colón y la Recoleta.

El tercero y último período, fue aquél comprendido entre 1910 y la primera posguerra. Entonces, se comienza a entrever un "desdibujamiento" de la alta sociedad, producto de grandes cambios en lo que respecta a la moda, a la cultura y al consumo. Todo esto como consecuencia de las modificaciones en la movilidad de las clases sociales que dieron como resultado una creciente "liberalidad" en las conductas y en las formas.

Como afirma el estudioso mencionado, en razón de su "matriz republicana e igualitaria, en Buenos Aires, la distinción se construyó sobre el consumo, los comportamientos y los modos de llevar adelante un estilo de vida (...) fue el período de consumo de masa y los bienes a consumir también crecieron en número y se fueron renovando de forma acelerada. La época en sí misma alentaba el cambio...".[13]

[13] Losada, Leandro, *La alta sociedad en la Buenos Aires de la Belle Époque: sociabilidad, estilo de vida e identidades*, Ed. Siglo XXI, Buenos Aires, 2008, p. 366.

Figura 3. "En busca de pichinchas", revista *Caras y Caretas*, IV, N° 134, Buenos Aires, 27 de abril de 1901.

Los progresos en los medios de transporte y en las comunicaciones también se observaron en Buenos Aires (pues se consolidó el ferrocarril) y los viajes a Europa se hicieron más frecuentes. La aparición del cine y el consecuente aceleramiento en los medios de información provocaron –como afirma Losada– que la difusión de fenómenos culturales adquiriese una dimensión que jamás se había visto con anterioridad.

El teléfono apareció en Buenos Aires en 1880, el telégrafo se afianzó y se instaló la luz eléctrica en 1888. En 1897 comenzó a funcionar el primer tranvía eléctrico, se construyó el puerto de esta ciudad, se fundaron los grandes diarios, se descubrieron yacimientos de petróleo, creció el comercio, se desarrolló la industria, la ganadería y la agricultura. El primer automóvil fue traído a Buenos Aires por el Sr. Mariano Castex en el año 1904 y en 1913 se inauguró la primera línea de subterráneos (la línea "A" desde Plaza de Mayo a Primera Junta). En palabras de Jorge Bosch: "... se transformó la gran aldea en una de las capitales más pujantes y más bellas del mundo...".[14]

Se construyeron edificios monumentales, entre ellos, el teatro Colón que se inauguró en el año 1908 donde estrenaban las óperas –especialmente las italianas– al poco tiempo de hacerlo en Europa.

Tal como lo describe Bosch, hubo una proliferación de artistas, escritores, filósofos, matemáticos, ingenieros, ensayistas, periodistas que desarrollaron una obra vital y variada. Fue el tiempo de crear universidades, bibliotecas populares, salas de espectáculos, teatros, galerías de arte, cinematógrafos, museos monumentos y editoriales. Buenos Aires brillaba y mezclaba la vida mundana con la cultural.

Según los estudios realizados por Losada, la instrucción que recibían las mujeres era diferente a la de los varones: ellas eran educadas bajo la mirada atenta de institutrices venidas especialmente de Francia, Inglaterra y Alemania, y ellos por profesores también provenientes de esos países.

A las jóvenes se les enseñaba el recato, modales, idiomas, labores y a tocar

[14] Bosch, Jorge, *Cultura y Contracultura*, Emecé Editores, Buenos Aires, 1992, p. 201.

el piano con la finalidad de convertirse en excelentes esposas y madres (todo en un entorno marcado por la inspiración religiosa) mientras los varones eran enviados a prestigiosas instituciones educativas, también generalmente vinculadas con órdenes religiosas.

Los más ricos se formaban en universidades europeas, preferentemente de Francia e Inglaterra. La educación se completaba con visitas al parlamento, museos y teatros para adquirir conocimientos de oratoria y política. Allí, también se iniciaban en una vida social más disipada, frecuentando teatros y cabarets. Concurrían elegantemente vestidos con frac y galera haciendo alarde de una vida elegante pero desenfrenada.

En Buenos Aires, asistían al Teatro Colón, al Jockey Club al Hipódromo, a las mansiones de Barrio Norte y de la Recoleta en lujosos carruajes. En las iglesias de las inmediaciones del cementerio contraían matrimonio con jóvenes preferentemente adineradas y de "buena familia" con el fin de que los futuros hijos tuvieran una refinada educación.

Fue un período de hedonismo y diversión para la clase social más opulenta, y las jóvenes concurrían ataviadas con elegantes vestidos confeccionados en terciopelo, seda, encajes, llevando el largo hasta los tobillos.

Las familias más acomodadas viajaban a Europa en lujosos transatlánticos (provistos de restaurantes, camarotes, y salas de juego y de baile). Antes de emprender semejante travesía remataban sus muebles, objetos de valor y elegantes ropas: el propósito era renovar todo lo posible en aquel continente y traerlo a Buenos Aires.

Las damas de la alta sociedad, como nos recuerda Susana Saulquin,[15] recibían a las comisionistas venidas de las casas de moda francesas quienes "visitaban a sus clientas en coches tirados por caballos, viajaban a Buenos Aires con baúles cargados de ropa". En palabras de la mencionada socióloga: "... Sabemos que durante la *Belle Époque* y en todos los años anteriores y posteriores a la Primera Guerra Mundial, se había instalado en París un grupo

[15] Saulquin, Susana, *Historia de la Moda Argentina*, Emecé Editores, Buenos Aires, 2006, p. 77.

Figura 4. Publicidad "Al Palacio de Cristal" de Heriberto Hermida (detalle), revista *Caras y Caretas*, año IV, N° 136, Buenos Aires, 11 de mayo de 1901.

considerable de elegantes mujeres argentinas, que dividían su tiempo entre sus casas de Londres y París, y sus veranos en Biarritz, mientras acompañaban a sus hijos que estudiaban en Londres y en Suiza...".[16]

A través de sus escritos conocemos que una de las casas más importantes de París que enviaba comisionistas era Doucet y con tal fin "envió a María Elvira Brulier (entonces oficiala de Doucet) con una gerente y una vendedora, quienes se instalaron en el Plaza".[17]

Tanto aquellos que provenían de familias tradicionales de la sociedad argentina cuyos orígenes se remontaban a la época de la colonia, como también los marginados de este círculo pero que lograban amasar una discreta fortuna, se empeñaban en adquirir un estilo "afrancesado" y distinguido con el fin de suplantar –por decirlo de algún modo– la estirpe de nobleza que poseían los europeos a los que muchos de ellos frecuentaban e imitaban pero de la que carecían por nacimiento.

La moda nacional era copiada de la europea tanto por ellas como por ellos. Las mujeres estaban encorsetadas en vestidos de terciopelo, seda y encajes, rematadas sus cabezas con elegantes y vistosos sombreros, que no les permitían mayor movilidad y, así, podían demostrar que su ociosidad era sinónimo de prestigio y status. Al mismo tiempo, las representantes femeninas de las clases menos acomodadas mandaban a confeccionar sus vestidos a las modistas locales, según relatan los semanarios de la época, intentando imitar a las damas de la alta sociedad.

Los colores claros que las mujeres usaban, comunicaban que las portadoras no sólo no desempeñaban ninguna tarea productiva, sino que además sus padres o esposos eran acaudalados. De este modo, la mujer-adorno europea y norteamericana se multiplicaba en sus congéneres sudamericanas.

El estilo de los modales debía contemplar la discreción, así como la moderación en el comportamiento en público: evitar los gritos y los movimientos

[16] Ibídem, pp. 77-78.

[17] Ibídem, p. 81.

Figura 5. "Para la familia". Publicidad de la Casa Gath y Chaves (detalle), revista *Caras y Caretas*, número Almanaque, año XIII, N° 587, Buenos Aires, 1 de enero de 1910.

exagerados (aunque para ello como se decía entonces, bastaba el corsé...). Los varones se vestían al estilo inglés, que luego tomaron los franceses como "dandi", con cuellos duros, fracs y pantalones largos con la raya pulcramente marcada que también denotaban un andar rígido y altivo.

Más entrado en los novecientos esta vestimenta se hizo más ágil por la influencia del deporte que permitía una mayor flexibilidad en las maneras y en los modales.

No cualquiera podía usar un frac con elegancia sin haber efectuado un cambio tanto material como cultural que marcara la elegancia y la proveniencia de sus adquisiciones, ya sea en lo referente a los aspectos materiales cuanto a un refinamiento obtenido por la educación y la prestancia adquirida.

Cuando en 1886 el tren llega a Mar del Plata y de él descienden más de 1.400 turistas ansiosos, se inicia una época de lujo vacacional, aunque recién dos años más tarde, con la inauguración del Hotel Bristol, esa ciudad se convirtió en el destino preferido de los ricos hacendados y sus familias. Como nos lo recuerda Nino Ramella,[18] el prestigioso Hotel fue construido por uno de los hijos de Pedro Luro, y el entonces Vicepresidente de la Nación Carlos Pellegrini, lo inauguraba en enero de 1888. "Entre los asistentes a la comida inaugural estaba Nicolás Romanoff, el zarevich heredero del trono de Rusia, que realizaba su viaje de instrucción alrededor del mundo por orden de su padre Alejandro III...".[19]

Como se ha apuntado antes, se trataba de una época marcada por la ostentación: no sólo se mostraba por medio de la vestimenta, sino también por medio de las fastuosas mansiones que se construían en Mar del Plata. Arquitectos ingleses y franceses se encargaron de dirigir estas verdaderas "joyas" de los "chalets de los nuevos ricos criollos". El oratorio del Instituto Saturnino Unzué, que Concepción y María Unzué construyeron en memoria de

[18] "La Belle Époque, Divino Disparate", *Más al Sur*, revista de Turismo Cultural y Desarrollo Regional, N° 3, Colonos Grupo Editor, Buenos Aires, 2007, p. 18.

[19] Ibídem, p. 18.

su padre, con los más refinados materiales (mármol de Carrara y de Abisinia), fue un ejemplo de esta exuberancia. En palabras de Ramella: "destacándose el púlpito, que ganó el primer premio de la Feria Mundial de Arte Sacro realizada en Sevilla en 1910. El magnífico pantocrátor es réplica de la figura del que enriquece Santa Sofía, de Estambul (Turquía)".

Había una marcada diferenciación entre los que pertenecían a familias de origen patricio y aquellas denominadas por éstos con el término peyorativo de "rastacueros", que serían los nuevos ricos de entonces. A modo ilustrativo, se reproduce textualmente, una nota escrita por una cronista de la época, Elvira Aldao (mencionada en el artículo de Ramella): "... las mujeres conversaban especialmente sobre moda. La exclusividad del tema es de una monotonía desesperante..." y luego "... es evidente que en el grupo más representativo del mundo social, se cotiza más alto el dinero que el origen o la inteligencia. A ésta más bien se la desdeña. Más cerca de la aristocracia que reúne origen y fortuna, está la aristocracia del dinero, que la de origen sin fortuna...".[20]

[20] Ibídem, p. 21.

Moda e historia II: el paradigma de los años '20

"... Siempre había un montón de cosas por hacer: inventar un nuevo baile, realizar una nueva proeza, llegar más lejos, más rápido, más allá de donde nadie hubiera llegado antes; sentarse en un mástil, saltar con zancos, meterse en un coche e ir a toda velocidad rumbo al futuro. Lo importante era hacer algo, y si ese algo reportaba algún dinero, mejor que mejor..."[21]
NICK YAPP

En efecto, la década de 1920 estuvo marcada, en Europa y los Estados Unidos de Norteamérica, por grandes contrastes entre ricos y pobres, entre tradición y vanguardias. Mientras en las clases altas europeas, comenzaban a filtrarse los nuevos ricos norteamericanos que aportaban su dinero, los pobres vivían hacinados, mal alimentados, en viviendas precarias y muchos debían recurrir a los centros de distribución de alimentos. El desempleo y las huelgas fueron moneda corriente en Europa a lo largo de toda la década (en rigor, tampoco los Estados Unidos de Norteamérica pudieron escapar a los paros de los trabajadores).

Como escribió Bonn para la editorial Revista de Occidente (cuyo fundador fuera José Ortega y Gasset) en su obra *Prosperity: ascensión y caída de la riqueza americana* (1931), el enorme desarrollo de los Estados Unidos de Norteamérica de 1924 a 1929 había producido en muchos países la idea de que ninguna crisis podría hacer temblar el bienestar americano (idea que circulaba especialmente en Alemania).

A este fenómeno de imitación, Bonn lo denominó "colonización espiritual" y lo expresó con las siguientes palabras:

"Es una de esas peculiares contradicciones de la Historia Universal, que esta Europa americanizada, y en especial Alemania, se desmorone coincidiendo con un principio de evolución en los Estados Unidos, que podríamos llamar la europeización de América".[22]

[21] Yapp, Nick, *Décadas del Siglo XX, 1920's*, Ed. Könemann, Getty Images, Londres, 2004, p. 371.

[22] Bonn, M. J., *Prosperity: Ascensión y caída de la riqueza americana*, Ed. Revista de Occidente, Madrid, 1931, p. 9.

Para el pensador alemán, pues, este fue un innegable período de mimetismo que apodó "trágico" ya que, según su perspectiva, esta asimilación no descansaba en una convicción interior sino más bien en una imitación puramente exterior por parte de algunos pueblos europeos a partir de la observación de un "éxito" que, sin embargo, se volatilizó junto con el derrumbe de la prosperidad norteamericana en el famoso "viernes negro de 1929".

La tesis de una "americanización de Europa" era discutible y de hecho algunos intelectuales se opusieron a ella desde el comienzo. Por ejemplo, José Ortega y Gasset sostuvo que el nivel de vida media de los europeos era inferior al de los americanos, y por esa razón consideraba la "subversión de las masas" como un fenómeno positivo en cuanto que gracias a ella se pudiera elevar el nivel de vida del hombre medio europeo, sin olvidar las contribuciones de la educación y de los progresos económicos de la sociedad. Es decir, esa nivelación de la vida del hombre medio, según Ortega, se debía por un lado a la técnica (la industrialización fue un factor importante en este aspecto) y, por el otro, a la democracia social.

Bonn, por su parte, afirmaba que el estilo americano marcó siempre aquello que era "novedoso" y, por ese motivo, representaba las pretensiones de la juventud, a la que colocaba en puestos de responsabilidad creciente.

En este escenario, los Estados Unidos de Norteamérica sabían que si deseaban utilizar plenamente sus establecimientos de producción, debían centrarse –en palabras de Bonn– en la "cría" de consumidores, lo cual requería la transformación de una conducta cualitativa en cuantitativa. Era indispensable "purificar" las necesidades y despertar ese refinamiento en ellos. Para lograrlo, el primer paso debería consistir en el abaratamiento de los bienes para hacerlos accesibles a un mayor número de personas. Un caso testigo de este proceso fue la producción en línea de los automóviles Ford, "símbolo visible de esa metamorfosis social".

El abaratamiento de los costosos automóviles produjo una democratización del transporte, modificando el estilo de vida y sobre todo el del empleo. Esta industria a su vez, creó una enorme red de consumo: la de la hotelería, los restaurantes, las casas de comidas y los chalets que se ofrecían en alquiler para aquellos que emigraban del campo a los centros urbanos en busca de trabajo. Bonn lo grafica con las siguientes palabras:

> "... Gracias a su difusión, el pueblo americano, para quien sus cuatro paredes representaban antes el contenido del mundo, y que, curioso y atemorizado, sólo ocasionalmente se aventuraba a abandonarlas para dar una vuelta por Europa, ha vuelto a convertirse en nómada, que utiliza la casa sólo para dormir, y vive en el auto, en el hotel y en el cine...".[23]

Obviamente que esta emigración interna del campo a la ciudad produjo enormes cambios en los hábitos de los habitantes de ese país. El estilo de vida americana exigió una renovación en todo aquello que se relacionara con el consumo, ya sea en los zapatos, los vestidos, como así también en los automóviles y las casas. Así, el entretenimiento también pasó a ser una industria importante que generó inmensos ingresos y, al mismo tiempo, incentivó ese espíritu despreocupado de los llamados "locos años veinte" que no sólo influyó la vida norteamericana sino también en la europea.

Entre los nuevos negocios aparecen las "fuentes de soda" donde podían adquirirse toda clase de artículos para beber y comer, como también los cafés de "autoservicio". Se comienza a abandonar el empleo de personal de servicio tal como se concebía en el período anterior (1890-1914) y de este modo se logra incentivar el consumo fuera del ámbito doméstico. Se acelera la construcción de rascacielos para facilitar el alquiler de habitaciones pequeñas, con su baño y cocina perfectamente equipados, lo cual permitía concurrir al lugar del trabajo cercano, ahorrando tiempo y dinero. En otras palabras, se obligaba, por un lado, a limitar las necesidades, pero por el otro, a "satisfacerlas en forma socializada".

[23] Ibídem, pp. 35-36.

"... En todo el Oeste americano los coches restaurantes; y como los servidores de los coches Pullman limpian ropas y zapatos, procurando al viajero un lujo que en su casa apenas puede satisfacer, cuidan ellos, y especialmente "ellas", de viajar con los mejores vestidos..."[24]

Durante esta década también los transatlánticos, como lo recuerda Yapp, eran muy elegantes, provistos de todo lujo y cuyo servicio de hotelería competía con los del *Savoy*, el *Waldorf Astoria* o el *Ritz*. Según Bonn, ese consumo era estimulado por los fabricantes de autos, dueños de almacenes, estrellas de cine (que eran las referentes de la moda y la belleza a emular) y por los dueños de los cinematógrafos.

La democracia igualitaria iba de la mano de la generación de necesidades con la finalidad de incrementar el consumo, para satisfacer y al mismo tiempo estimular, los deseos cambiantes que la vida urbana generaba.

Esa vida urbana y gris ya no se contentaba con la radio que, instalada en los hogares, llevaba la música y las últimas novedades sino que, a través del cinematógrafo –en palabras del pensador alemán–: "se ha creado para el pueblo un nuevo mundo de imágenes", cuya intención era "la tentativa triunfante de apoderarse de su alma".[25] En suma, una industria dedicada a crearle al ciudadano, un mundo de fantasía para que satisfaga aquellos anhelos que "ni en vida ni en sueños podía realizar".

Una "impresión de fabulosa prepotencia que decanta en la mente" del hombre medio –al decir de Ortega– se da precisamente gracias a los avances técnicos que se estaban produciendo en aquel tiempo y que se exponían en las vidrieras mediáticas (nos referimos a la radio, a las vitrolas y al cinematógrafo) junto con los diarios que traían las noticias y las novedades de distintas partes del mundo. Estos adelantos que ya se venían prediciendo desde el siglo anterior habían "producido un hombre nuevo", es decir, habían comenzado a inducir

[24] Ibídem, p. 44.

[25] Ibídem, pp. 50-51.

la aparición del hombre masa, poseedor de diversas y variadas demandas alentadas por los progresos técnicos que tanto la ciencia y la tecnología habían aportado. Hasta ese momento, el hombre medio había vivido limitaciones de todo tipo, tanto materiales como sociales. Por eso, básicamente, era un ser humano dependiente.

Ahora bien, para incrementar el consumo –recuerda Bonn– se aumentaron los salarios y surgió el sistema de financiamiento en cuotas para la adquisición de productos costosos (como el automóvil y la indumentaria), que se ofrecían en los grandes almacenes. Esta decisión facilitó que dichos onerosos productos llegasen al público masivo pues el sistema en cuotas se ajustaba a la forma en que la mayoría de la gente percibía su dinero: a través del salario.

Vale en este punto citar sus textuales palabras:

> "... Esta industria del consumo, que cual ninguna abarca al mundo entero, ha ocupado en los Estados Unidos, casi sin esfuerzo, el lugar tenido antes por otra industria primitiva, que dispensaba a los hombres sueños y olvido, aunque a menudo acompañados de malas consecuencias: la producción de alcohol...".[26]

Según su teoría se instaló la "Ley Seca" con el fin de que se aumentara la capacidad industrial, ya que el trabajador no podía gastar su dinero en bares. Ello desplazó el consumo hacia otras mercancías: en particular, a la industria del entretenimiento y de la indumentaria (por ejemplo, la de la seda artificial).

En definitiva, la década de los años veinte puede sintetizarse como un período marcado por los extremos y por la ruptura del *status quo* reinante hasta el momento. Se la denominó "La era del Jazz": por la música rítmica y movida que rompía con todos los cánones tradicionales y que se puso de moda en ese período.

Aunque nació en los Estados Unidos, fue adoptada en Europa con entusiasmo al igual que en muchos otros países del mundo occidental. La misma

[26] Ibídem, p. 51.

situación se repite con el cine: fue la época del auge de las estrellas de las películas mudas, de los músicos y del entretenimiento en general. La premisa parecía ser divertirse por sobre todas las cosas y el estilo juvenil comenzó a contagiar a los adultos: "Aunque la época del jazz no había llegado a su fin", escribió Scott Fitzgerald, "dejó progresivamente de ser cosa de jóvenes".[27]

Era el inicio de la gran popularidad de los medios de comunicación: el cine y la radio transmitían los "aires modernos y de vanguardia". El 6 de febrero de 1921 se estrena el film *The Kid* de Charles Chaplin, protagonizado por el mismo Chaplin en el personaje del Vagabundo, y Jackie Coogan como *The Kid*. La historia de la lucha del vagabundo que busca retener al pequeño que había cuidado luego de ser abandonado por su madre quien, años después, desearía recuperarlo al haberse convertido en una famosa y rica cantante conmovió al público.

En la radio no dejaban de sonar los compases del Jazz y el Charleston: Louis Amstrong se pliega al movimiento y graba su primer disco con la banda de Oliver en Chicago, considerada entonces como "la ciudad del Jazz".

La música cruzó el océano para instalarse en Europa. La *vedette* Joséphine Baker, de raza negra, al ser rechazada en los Estados Unidos se muda a París y, una vez en el viejo continente, se convierte en una estrella: su estilo desenfadado y erótico conquista al público en el Music Hall.

Las revistas de moda como *Vogue* y *Vanity Fair* entre otras, dictaban la tendencia de la época. Artículos y fotografías de las divas del cine instaban a la emulación a las jóvenes que desean diferenciarse completamente de sus madres.

Comenzaron a hacerse populares los concursos de belleza y en 1927, la reina elegida en Francia, "Roberte Cusey", exhibe "su espléndido rostro de efigie griega apenas maquillado..."[28] y en 1923, Powers crea la primera agencia

[27] Yapp, Nick, *Décadas del Siglo XX, 1920's*, Ed. Könemann, Getty Images, Londres, 2004, p. 169.

[28] AA.VV, *La belleza del siglo, los cánones femeninos en el siglo XX*, Ed. Gustavo Gili, Barcelona, 2006, p. 108.

Figura 6. Mac Murray, en la película "El Alcázar de los pavos reales", revista *Para Ti*, año I, N° 5, Buenos Aires, 13 de junio de 1922.

de modelos, para convertirse como aluden las autoras del libro *La Belleza del Siglo* "en objetos de deseo".

El buen estado físico pasó a ser un rasgo distintivo de la época, tanto para los hombres como para las mujeres: el tenis, el ciclismo, el atletismo, el golf, el fútbol y el rugby (estos dos últimos incluso comenzaron a ser practicados también por ellas) se utilizaban para esculpir la figura. Tanto los grandes rotativos como la radio, daban cuenta de la enorme importancia que se le daba al mundo del deporte. Como nos recuerda Yapp:

> "Antes de que acabara la década aparecieron las retransmisiones en directo de combates de boxeo, criquet, fútbol, béisbol y carreras automovilísticas. El deporte era un negocio muy bien visto, que arrastraba millones de adeptos y que generaba enormes sumas de dinero..."[29]

Tanto los ricos como los pobres se vieron arrastrados por el deporte: los ricos jugaban al golf, al tenis o al criquet y, los pobres, al boxeo, la carrera, practicaban el ciclismo o patinaban sobre ruedas.

El mundo occidental, pues, parecía haber enloquecido. Los hijos deseaban diferenciarse de los padres de una manera descarada. La mujer de la *Belle Époque* había desaparecido: gracias a Poiret, en 1908, ella había tirado el *corset* y dejaba ver un poco más sus piernas enfundada en vestidos de corte imperial. En los veinte había llegado el momento de acortar la falda y ponerse los pantalones para ocasiones más informales, como ir a la playa. Incluso comenzó a usar pijamas de corte masculino y unos zapatos muy divertidos: de cuero y con adornos de piel de lagarto.

Pero el escándalo no podía hacerse esperar y en 1925 desde el púlpito (como nos recuerda Laver)[30] mientras el Arzobispo de Nápoles acusó a la falda corta de provocar el terremoto de Amalfi, en los Estados Unidos, varios

[29] Yapp, Nick, *Décadas del Siglo XX, 1920's*, Ed. Könemann, Getty Images, Londres, 2004, p. 310.

[30] Laver, James, *Breve historia del traje y la moda*, Ed. Cátedra, Madrid, 2006, pp. 232-234.

legisladores intentaron en vano aplicar decretos por el que "se multaría y apresaría a las mujeres que llevasen la falda a más de tres pulgadas por encima de los tobillos", entre otros del mismo tenor.

Sin embargo, ya entonces muchas mujeres consideraron excesiva esta recomendación. Después de la guerra, la mujer deseaba emanciparse del hombre y tener sus mismos derechos: se cortó el cabello como un varón (a este corte se lo llamó *garçonne*), usaba sombreros tipo casco (quizás una reminiscencia de la reciente guerra) y comenzó a copiar sus costumbres: fumaba cigarrillos en público para escándalo de sus mayores, bebía y bailaba –con vestidos cortos, sueltos, de talle bajo y los adornaba con flecos y mucho brillo– hasta caer desmayada al ritmo de la nueva música imperante: el Charleston.

El estilo andrógino femenino también se manifestó en el uso de enormes abrigos, en pantalones Oxford, en los *sweaters* y en los trajes tejidos.

La moda masculina no se diferenciaba demasiado de la de sus padres –como sucedía en el caso de la femenina–, pero todos los jóvenes –y no tanto–, desde Harold Lloyd a Al Capone y el duque de Windsor, llevaban un *canotier* o sombrero de paja. "... Dame mi sombrero de paja y vamos a dar un paseo por la avenida..." cantaban *The Old Routine* en los años veinte.[31]

En el mundo de la pintura, el dadaísmo primero (surgido en 1916) y el surrealismo luego, marcaron los rasgos distintivos de la época: todo lo que fuera "provocación" y que rompiera con las normas establecidas hasta entonces, era considerado "dada".[32] El psicoanálisis se mezcló con los pinceles y el surrealismo surgió –en palabras de Willet– como "el deseo de revitalizar la imaginación, basándose en el subconsciente tal como lo ha revelado el psicoanálisis, y con un nuevo énfasis en lo mágico, lo accidental, la irracionalidad, los símbolos y los sueños".[33]

[31] Ibídem. p. 234.

[32] Hobsbawn, Eric, *Historia del Siglo XX (1914-1991)*, Ed. Crítica, Barcelona, 1995, p. 183.

[33] Willett, John, *The New Sobriety: Art and Politics in the Weimar Period*, Londres, 1978, citado en Hobsbawn, op. cit., p. 184.

Lo importante era, al decir de Hobsbawn: "reconocer la capacidad de la imaginación espontánea, sin mediación de sistemas de control racionales, para producir coherencia a partir de lo incoherente y una lógica aparentemente necesaria a partir de lo ilógico o de lo imposible" y luego "... el surrealismo significó una aportación real al repertorio de estilos artísticos vanguardistas. De su novedad daba fe su capacidad de escandalizar, producir incomprensión o, lo que viene a ser lo mismo, provocar, en ocasiones una carcajada desconcertante...".[34]

Como se sabe, el mundo de la moda fue expresión del momento que se vivía y diseñadores como Coco Chanel, Jean Patou y Madeleine Vionnet creaban modelos que plasmaban el espíritu de entonces. "En general, los diseñadores del momento se esforzaron en refinar la forma y el corte. Vionnet, Lanvin y Chanel vigilaban la cantidad de adornos que utilizaban y, como cubistas, estaban más interesados en la forma y el diseño".[35] Se pusieron de moda los trajes de dos piezas y tanto Coco Chanel como Jean Patou acortaron el largo de los trajes de punto. Ambos apostaban a la comodidad de la mujer y al estilo andrógino.

Los vestidos de los años veinte, pues, eran sencillos y rectos, inspirados en el cubismo y el futurismo de Picasso y de Braque. Así como el psicoanálisis se mezcló con los pinceles, el arte pictórico se filtró en la moda: la geometría se insertó en los diseños: rayas verticales y horizontales. La pintura abstracta se prendió de las telas mostrando diseños irregulares y yuxtaposiciones de figuras, como así también siluetas abstractas: formas circulares, diagonales, zigzageantes, onduladas o con líneas rectas u horizontales: "El popular traje de noche negro cobró vida gracias a los bordados circulares y triangulares con hilos de oro y plata, y los dibujos diagonales en tonos que iban del gris al negro produjeron increíbles diseños gráficos inspirados en el imperante estilo *Art Déco*".[36] Hubo

[34] Hobsbawn, Eric, op. cit., p. 184.

[35] AA. VV.: Mulvey, K., *Moda Vintage; La evolución de la moda y el vestido en los últimos cien años*, Ed. Parragón, Barcelona, 2008, p. 21.

[36] Ibídem, p. 21.

una marcada influencia oriental, ya en las telas, ya en los diseños de los vestidos de estilo japonés.

A mediados de la década surgieron las *flappers* conocidas por su estilo provocador y alocado quienes "bailaban el *shimmy* y el *bunny hop* hasta el delirio", con vestidos cortos muy escotados especialmente en la espalda.

Nunca antes la mujer había mostrado tanto su cuerpo como durante este período. Para acentuar el estilo andrógino, ellas se achataban el pecho con bandas y la indumentaria se tornaba más suelta, adornada con abalorios, plumas y lentejuelas.

Como recuerda Hobsbawn, el arte no escapó a la influencia rusa: el empresario ruso Diáguilev contribuyó a difundir el arte de vanguardia a través del ballet. Acompañada con música de Stravinsky y con los decorados cubistas de Georges Braque y Juan Gris, entre otros, la danza se modernizó, rodeada del esnobismo y del magnetismo producido por la moda. También Coco Chanel se dejó influenciar por el estilo ruso que había desembarcado en París luego de la revolución, lo que se manifestó en los bordados, túnicas, adornos de piel y por supuesto en los perfumes. En 1921, "Coco" lanzó al mercado el perfume *Chanel N° 5* el cual pasaría a su mayor pico de popularidad años más tarde, cuando la actriz norteamericana Marilyn Monroe dijese –para escándalo de muchos– que dormía desnuda con una gota de aquella fragancia.

El consumo de moda ostentoso se podía observar en la utilización de pieles, terciopelos y seda: "... el material suntuoso era parte del estilo de opulencia y de lujo de la moda *Art Déco...*"[37] que influyó en los colores contrastantes que los diseñadores empleaban: combinaciones contrastantes: rojo y verde, negro, rojo y naranja verde y rosa, entre otras combinaciones, pero sin olvidar los tonos neutros como el beige y el gris o el blanco y el negro que denotaban elegancia, típicos de la vanguardia del momento.

La década del veinte estuvo marcada por la modernidad en todos sus ámbitos, incluso en el cine comercial. El vanguardismo comenzaba a dejar su huella

[37] Ibídem, p. 35.

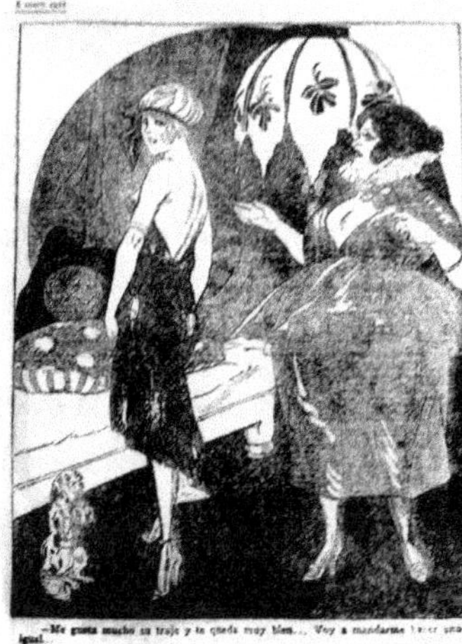

Figura 7. "Me gusta su traje" (humor). *Revista Atlántida*, año IV, N° 145, Ed. Atlántida, Buenos Aires, 6 de enero de 1921.

en la vida cotidiana de manera indirecta precisamente en aquello que el público no consideraba como "arte" y que, por lo tanto, no se juzgaban de acuerdo a criterios juiciosos de valor estético, sobre todo a través de la publicidad, el diseño industrial, los impresos y gráficos comerciales y los objetos.

La *Bauhaus*, la escuela de arte y diseño alemana, también dejó su huella en la década del veinte pues, apartándose de las artes vanguardistas, produjo diseños de uso práctico para la producción industrial como carrocerías para automóviles, piezas publicitarias y hasta el diseño de los billetes en 1923, durante el período de la hiperinflación en Alemania. Ésta era una expresión del consumo plasmada en el arte.

Pero la moda tampoco escapó a la influencia del *crac* de la bolsa del '29, como nos recuerda Laver, "a medida que la década iba llegando a su fin, las faldas de pronto comenzaron a alargarse de nuevo y la cintura volvió a su lugar normal. Se iniciaban tiempos de ajustarse la cintura. Era una moda que parecía querer decir: "se acabó la fiesta; los brillos y alegrías efímeras han muerto...".[38]

[38] Laver, James, *Breve historia del traje y la moda*, Ed. Cátedra, Madrid, 2006, p. 240.

Mientras tanto en Buenos Aires...

Mientras esto sucedía en Europa y en los Estados Unidos, luego de la crisis de 1920-1921 ocurrida en la Argentina, comenzó en nuestro país una fase de recuperación que se extendió hasta el año 1929. Como mencionan los autores de *Sociedad y Estado*, la gestión de Marcelo T. de Alvear se caracterizó por "la reactivación económica, el retorno de la prosperidad y el fin del fenómeno inflacionario".[39] Tanto la generalización en el uso de la electricidad y del petróleo como así también de los avances tecnológicos revolucionaron a la industria y los sistemas de producción. Las nuevas industrias como la química, el caucho, los textiles artificiales y el acero –entre otros– vivieron años de mucho crecimiento. También aquí las nuevas industrias productoras de bienes de consumo (como el automóvil, la radio, los ventiladores y las vitrolas) veían acrecentar sus ingresos:

> "Alentada por las nuevas condiciones prevalecientes a nivel mundial, la economía argentina transitó en esta década un nuevo ciclo de auge. Las exportaciones, la inmigración ultramarina y las inversiones extranjeras alcanzaron niveles similares y a veces superiores a los años previos a la guerra. El proceso de urbanización recibió un nuevo impulso, al tiempo que se consolidaba la estructura social existente."[40]

En la Argentina, en los inicios de la década del 20, la diferencia entre ricos y pobres se vio reflejada en los semanarios de la época como la *Revista Atlántida*, *Para Ti* e *Iris*. En las mencionadas revistas, se editaron numerosos artículos dirigidos a la clase media y media alta, que no dejaron de mostrar la

[39] De Sagastizábal, L.; Marcaida, E.; Scaltritti, M.; de Luque, S., *Sociedad y Estado. Argentina 1880-1943. Estado, economía y sociedad. Aproximaciones a su estudio*, Centros de Estudio del Libro, Buenos Aires, 1994, p. 129.

[40] Ibídem, p. 130.

Figura 8. "Filantropía", *Revista Atlántida*, año IV, N° 145, Ed. Atlántida, Buenos Aires, 6 de enero de 1921

realidad social de la época, a veces mediante el uso de las caricaturas que se incluían en sus páginas.

En un artículo publicado en la revista *Para Ti* del 6 de octubre de 1925, la autora (supuestamente una corresponsal francesa llamada *Loreley*) describe a la mujer argentina como muy ansiosa por su aspecto exterior y que ello se dejaba ver en todos los aspectos de su vida.

> "Estas muchachas que a las siete de la tarde abandonan tiendas, oficinas y grandes almacenes, perciben módicos sueldos, según tengo entendido. Pero es tal la distinción, el aliño, la compostura, que parecen pertenecer a una clase pudiente. El truco es sencillo. Manos habilidosas han confeccionado el trajecito de corte impecable con telas económicas..."

Y luego:

"... un tranvía las conduce a cualquiera de los extremos de la ciudad, y en el trayecto mejoran el espíritu, leyendo una revista o un libro."

En su libro *Mujeres y Feminismo en la Argentina*, Leonor Calvera trae a la memoria que en aquella época la diferencia de clases estaba muy marcada: por un lado las mujeres que se dedicaban a las tareas del hogar o las que trabajaban fuera de su casa y en pésimas condiciones, estaban mal pagadas y por el otro, aquellas "... damas prolíficas y decorativas que acompañaban a su marido a Europa, pero convenientemente rodeadas de niños y servidumbre, como para que a menudo tuvieran que quedarse en el hotel mientras él se dedicaba al teatro, la literatura y las amistades costosas", como alguna vez afirmó Fryda Schultz de Mantovani.[41]

A medida que avanzaba la década, también en nuestro país parte de la clase más acomodada deseaba vivir una vida despreocupada, lujosa y placentera, pero no por las mismas razones que en los países del norte.

En relación con las costumbres locales, según el volumen *Gente. Testigo del Siglo. La Argentina 1900-1945*,[42] Mar del Plata era el lugar de veraneo por excelencia. Allí no concurrían precisamente las clases más populares, sino que lo hacían las clases más acomodadas o las clases medias altas. Las damas llevaban sus baúles cargados de ropa y eran acompañadas por personal doméstico.

Eran las mismas que en el invierno viajaban a Europa y traían sus modelos de París o los recibían a través de comisionistas que viajaban a la Argentina para venderlos a las damas porteñas.

Tomar el té en *Harrods* (la tienda más elegante) era el máximo placer en aquellos años para las más pudientes y también para aquellas que no podían

[41] Calvera, Leonor, *Mujeres y Feminismo en la Argentina*, Grupo Editor Latinoamericano, Buenos Aires, 1990, p. 17.

[42] *Gente. Testigo del Siglo. La Argentina 1900-1945*, N° 18, Ed. Atlántida, Buenos Aires, nov. 1999, p. 16.

viajar a Europa. Allí, "... la palabra liquidación tenía magia. Las señoras peleaban por comprar cualquier cosa a mitad de precio y las mecheras (ladronas de tiendas) hacían su agosto".[43]

Otra de las tiendas de moda de la época era *Gath y Chaves* en la calle Florida.

La Argentina no se sustrajo en esos años, al fenómeno "imitativo" que se reflejaba en los usos y costumbres, y por supuesto, en el consumo de bienes suntuosos entre los que se incluía la vestimenta.

Este incipiente afán de mimetización podía llevar a una suplantación de las costumbres o a una pérdida de la identidad de la sociedad tal como venía desarrollándose, lo cual se reflejó en las publicaciones periódicas de la época.

En el semanario *Para Ti* el autor de una nota reproduce los dichos de algunos hombres, en una encuesta hecha en Inglaterra: "... las niñas de hoy en día no inspiran confianza –dijo–. Parecen estimar a los hombres –por lo menos un gran número de ellas lo hacen– por lo que tienen y no por lo que son. En lugar de ayudar a un hombre joven a formarse una posición son aficionadas a buscar marido que pueda proporcionarles lujos y placeres inmediatamente...".

Luego contando las peripecias de un colega continuaba: "... aquél hombre no ocultaba su decepción porque el único romance de su vida hubiera adquirido tan sórdido aspecto. Decía que compadecía a sus camaradas, pobres de espíritu, que tomaban una esposa sabiendo que les importaba más de su dinero que de sus personas. Le parecía que todas las mujeres llevaban la divisa: "Sin dinero no hay esposa". Continuaba relatando que "... los demás estuvieron de acuerdo con él, pero examinaron la cuestión desde otros puntos de vista. Según ellos no era demasiado censurable que las mujeres en su sujeción a la moda, consideren el matrimonio también como un asunto de dinero. Les agrada formar parte de clubs de tenis y de golf, poseer auto propio cuanto más lujoso mejor, comer fuera de casa, ir a bailes y teatros y disfrutar de lo que los norteamericanos llaman: "a good time all the time".[44]

[43] Ibídem, p. 46

[44] "Hombres ricos que no se atreven a casarse", revista *Para Ti*, año IV, Nª 178, Ed. Atlántida, Buenos Aires, 6 de octubre de 1925, pp. 11 y 26.

Figura 9. Edificio Gath y Chaves en "La gran rapidez de las construcciones". Revista Caras y Caretas, año XIII, N° 589, Buenos Aires, 15 de enero de 1910.

Figura 10.
—Acaban de traer la cuenta de la modista... ¿No dices nada?
—No; los grandes dolores son mudos.
"Cuentas de la Modista",
Revista Atlántida, año IV, N° 145,
Ed. Atlántida, Buenos Aires,
6 de enero de 1921.

Figura 11.
—¿No le parece señorita, que esta reunión resulta muy aburrida?
—No juzgue usted por mi aburrimiento. ¿Por qué, en lugar de estarse aquí hablándome de sus ganancias en la compra-venta de propiedades, no se da una vuelta por el salón?
"Reunión Aburrida",
Revista Atlántida, año IV, N° 151,
Ed. Atlántida, Buenos Aires,
17 de febrero de 1921.

Llegados a este punto, resulta oportuno hacer mención a la situación jurídica de la mujer para comprender por qué muchas de ellas tenían esa actitud de considerar al matrimonio como un asunto económico.

Como nos recuerda Leonor Calvera,[45] el Código Civil de 1869 era un reflejo de la posición subalterna de la mujer: no tenía derecho a poseer bienes propios, ni siquiera aquellos obtenidos por medio de su trabajo, no tenía derecho a querellar en los tribunales, no podía ser testigo, es decir, era considerada a todos los efectos, una incapaz al igual que los niños. Pero la diferencia estribaba en que "sí le cabían las generales de la ley en lo atinente a lo penal".

Recién en el año 1926 se aprobó la ley 11.357 de Derechos Civiles de la Mujer, que en el año 1924 habían presentado como anteproyecto Alfredo Palacios y Juan B. Justo. Las investigaciones realizadas por la *Dirección de Información Parlamentaria,*[46] han contribuido para avanzar con mayor precisión en este tema.

> "... la lectura de este debate resulta una buena aproximación al pensamiento y las contradicciones de la época. Finalizada la primera Guerra Mundial, las legislaciones europeas y norteamericana, que con interés miraban nuestros legisladores –y cuyas partes pertinentes fueron reproducidas en el Diario de Sesiones de la Cámara de Senadores–[47] reconocían la igualdad de los sexos al tiempo que proponían diferentes regímenes de administración de los bienes de la sociedad conyugal, y facultaban a los cónyuges a elegir el régimen que les resultara más conveniente. También tuvieron en cuenta los legisladores la profunda transformación social que

[45] Calvera, Leonor, op. cit., pp. 22-23.

[46] Botte, S.; Dorola, E.; Fuld, R.; Rossi, D.; Tenewicki,I; Guz, M.; Stivala, A.; *Mujer, Serie Estudios e Investigaciones*, N° 9, Dirección de Información Parlamentaria del Congreso de la Nación, Buenos Aires, 1995, pp. 23-24.

[47] Ibídem, D.S.C.S., Vol. II, Buenos Aires, Año 1925, p. 473.

reveló el censo de 1914: la irrupción de la mujer en el mercado de trabajo. Según dicho censo la población económicamente activa se componía de 2.500.000 hombres y 714.000 mujeres mayores de 14 años de edad...".

Se deduce de acuerdo con lo expuesto que lo que estaba cuestionado era el ingreso de la mujer en la vida pública el cual hasta ese momento estaba reservado al sexo masculino.

En lo que respecta a la educación de las mujeres, muchos años antes la maestra Juana Manso junto con Juana Gorriti –según Calvera–,[48] reclamaban la necesidad de la educación femenina obligatoria con el fin de salir de esa posición subalterna. En última instancia, bregaban por el acceso de las mujeres a la Universidad. Pero recién en el año 1889, se recibió la primera médica argentina Cecilia Grierson, y unos años después recibía su título de abogada María Angélica Barrera en la Universidad de La Plata.

A partir de la primera década del novecientos, comienzan a surgir diversas organizaciones que luchan por los derechos de la mujer. Entre ellas: "El Centro de Universitarias Argentinas", fundado por Sara Justo (la primera odontóloga argentina), "El Centro Feminista" bajo la dirección de Elvira Rawson de Dellepiane, el que se pasa a llamar "Centro Juana Manuela Gorriti", y la "Liga Feminista Nacional de la República Argentina" dirigida por María Abella de Ramírez. Se destaca también la Primera Asamblea del Consejo Nacional de Mujeres conformada en Buenos Aires por iniciativa de la Dra. Cecilia Grierson que se desarrolló en uno de los salones de la Sociedad Rural Argentina, a la cual concurrieron representantes de treinta y un sociedades feministas del país, que fue publicada por la revista *Caras y Caretas* del 4 de mayo de 1901.

En los años veinte, Julieta Lanteri "... aprovechando el alboroto que ocasiona su pedido de ciudadanía a las autoridades –puesto que el derecho de optar a la ciudadanía les estaba vedado a las mujeres– se lanza a la creación

[48] Calvera, Leonor, op. cit., pp. 17-18.

Figura 12. "El Consejo nacional de Mujeres", revista *Caras y Caretas*, año IV, N° 135, Buenos Aires, 4 de mayo de 1901.

del 'Partido Feminista Nacional'. En las elecciones de 1920, 1924 y 1926, ella será la única candidata de este partido no oficial...".[49]

La *Asociación de Universitarias Argentinas* fue la que organizó el "Primer Congreso Feminista Internacional de la República Argentina".

Las disertaciones de las oradoras estaban referidas a temas como el divorcio, igualdad de salarios por igual trabajo para hombres y mujeres, la ley de la silla y el derecho femenino al voto.

Entre las mujeres argentinas que se destacaron por la lucha sufragista femenina en ese período además de Alicia M. de Justo y Julieta Lantieri, también estaba Victoria Ocampo quien fuera más tarde fundadora de la revista Sur y –como nos recuerda Calvera– "lo mejor del espíritu europeo y norteamericano fue conocido en Argentina merced a las traducciones que publicaba *Sur*".[50]

También fue la primera mujer en alcanzar un lugar como miembro de la Academia Argentina de Letras, muchos años más tarde, en 1976.

La influencia norteamericana se veía reflejada en los semanarios de actualidad, especialmente cuando se trataba de cuestiones tan espinosas para la sociedad argentina de entonces, como eran el feminismo y el deseo de las mujeres por obtener más derechos.

En un artículo publicado en la revista *Para Ti* en el año 1925, titulado "Clubs de mujeres",[51] el o la periodista (no lo sabemos porque firma con las siglas G.M.S) se refiere al feminismo norteamericano y europeo. Destaca al primero, por estar fundado en ideales más prácticos y haber elegido medios más eficaces para lograr sus fines que aquel preferido por el feminismo europeo, ya que se adapta más "al espíritu nuestro y al concepto general de la vida que nos caracteriza" y se muestra contrario al modo de proceder de las mujeres europeas especialmente la francesa, por ser más idealista y revolucionaria, y la inglesa, porque denota una marcada agresividad "desconcertante

[49] Ibídem, p. 19.

[50] Ibídem, p. 98.

[51] Revista *Para Ti*, año IV, Nª 171, Ed. Atlántida, Buenos Aires, 18 de agosto de 1925 (s/n página).

para nuestra manera de pensar y de sentir latina" y luego declara que "... el feminismo norteamericano es claro, burgués, práctico y transparente. Podría decirse que es el feminismo de las amas de casa..."

El o la autora de la nota sustentaba su tesis a favor del estilo americano en cuanto a este tema se refería, en que las primeras reuniones de mujeres en Norteamérica tenían fines culturales y de estudio, y se preguntaba si éste no sería el más apto para la mujer argentina, ya que "... un rincón con un poco de lumbre, silencio y muchos libros, donde las mujeres pudieran aprender por su cuenta algo de lo mucho que ni la familia ni el Estado se han preocupado de enseñarles...".

En la Argentina, la clase alta y los "nuevos ricos" de la época frecuentaban el viejo continente y "copiaban" los usos y costumbres europeos.

Como no podía ser de otra manera, los medios gráficos de entonces mostraban las mismas preocupaciones y tendencias que atravesaban la sociedad. La "inculturación" que en el caso de la moda no revestía peligros también abría otros escenarios más delicados: podían observarse en varios semanarios notas en que se narraban determinadas "costumbres de las niñas americanas", que preocupaban a la sociedad argentina, y tenían más que ver con el afán de diversión que mostraban las jóvenes mujeres del norte. Leemos: "... Poco importa que se trate de gente rica o pobre. Los ricos compran un palco para el teatro; los pobres la llevan al cine. Pero en todo caso él la tiene que divertir, gastar con ella y considerarse muy honrado con que lo acepte...".[52]

La condición de dependencia de la mujer y la necesidad de tener su propio dinero era un tema que también ocupaba espacios en la mencionada revista femenina. Uno de los títulos pone en evidencia esa preocupación: "¿Deben tener salario las esposas?"[53] Lo firma *Alma Innes* y en él, la autora se pregunta si la mujer no debería tener derecho a percibir un salario por los quehaceres

[52] Revista *Para Ti*, año IV, Nª 171, Ed. Atlántida, Buenos Aires, 18 de agosto de 1925, p. 5.

[53] Innes, A., "¿Deben tener salario las esposas?", revista *Para Ti*, año I, Nª 170, Ed. Atlántida, Buenos Aires, 11 de agosto de 1925.

domésticos, que tanta fatiga y tiempo ocupan en su vida hogareña, a modo de "recompensa", además –claro está– del dinero que el marido le entregaba para los gastos de la casa.

Concluye la nota preguntándose si ello no se trastocaría para terminar ingresando en la categoría de "sirvientas asalariadas" y así terminar conformándose con las mismas "reglas y sujeciones" que éstas, por ejemplo, con el presupuesto asignado, afirmando, finalmente, que es preferible seguir disfrutando de la manutención que el marido le proporciona.

Estas aclaraciones en relación a la mujer y el dinero están estrechamente relacionadas con el mundo de la moda, ya que como ya se ha visto, muchas de ellas buscaban marido para poder sustentarse y mantener un nivel de vida de acuerdo con el estrato social en el que pretendían vivir, ya que dependían, en este sentido, del varón.

En las revistas de entonces, ya sea en la mencionada *Para Ti*, como así también en otras, como *Atlántida* e *Iris* se podían leer artículos que denotaban esta emulación de las mujeres argentinas hacia sus congéneres europeas y americanas y, sobre todo, a las estrellas del cine que dictaban los *tips* de la moda. En el primer número, la cronista de la sección "La Moda"[54] de *Para Ti* cuyo seudónimo era la *Señorita Flora*, da cuenta de la enorme importancia que las mujeres daban a la moda ostentosa de esos años. Sus consejos en relación a la elegancia remarcan el uso de vestidos confeccionados con telas como la seda, el terciopelo y el *crêpe marocain* con bordados en perlas y oro. También los accesorios como los sombreros adornados con plumas, tocas de terciopelo o de seda, los guantes, las medias, carteras y zapatos, cobran gran importancia.

Muchos de estos artículos eran importados o confeccionados en nuestro país por hábiles costureras que copiaban el estilo europeo con telas importadas del exterior, especialmente de Norteamérica y de Gran Bretaña ya que la producción local no alcanzaba a cubrir las necesidades suntuarias de la época.

[54] Revista *Para Ti*, año I, Nª 1, Ed. Atlántida, Buenos Aires, 16 de mayo de 1922, pp. 31-32 y 34.

Las revistas de moda de la época dan muestra de la utilización de las telas importadas de Europa inspiradas en las corrientes artísticas vigentes. Una evidencia de ello es la reproducción de los diseños publicados en la revista *Para Ti* del 11 de agosto de 1925 en cuyo pie se puede leer: "El cubismo ha inspirado estas nuevas telas para vestidos...".[55]

Un estudio realizado por el Dr. Claudio Belini sobre la industria textil durante el período de 1914 y 1933[56] viene a corroborar lo antedicho. Según este investigador, durante la década de 1920 la Argentina era una gran importadora de artículos textiles y se produjeron cambios importantes en esta industria, particularmente en la de la seda artificial y en las de tejedurías de punto. "Desde principios del siglo XX, el mercado para este tipo de productos se vio estimulado debido a los cambios en la moda femenina que implicaron el acortamiento de las faldas y una demanda de medias de mayor calidad. Durante la posguerra, la difusión del rayón..."

Además, según el mencionado informe durante el período de entreguerras, "el derecho medio establecido para la importación de hilados de seda, no estaba dirigido a auspiciar el desarrollo de una industria local inexistente, sino a gravar materias primas para la elaboración de artículos que eran de consumo suntuario..."

Cabe destacar que la primera fábrica de tejidos de seda artificial, Sedalana, fue instalada en 1925 en nuestro país por capitales alemanes.

Retomando los medios gráficos nuevamente (específicamente las revistas de la época) con el fin de examinar cómo la admiración de las argentinas hacia las francesas se deja entrever claramente en uno de los consejos que la Señorita Flora da a sus lectoras:

[55] "Modas", revista *Para Ti*, año IV, N° 170, Ed. Atlántida, Buenos Aires, 11 de agosto de 1925.

[56] Belini, Claudio, "Una época de cambios: la industria textil argentina entre dos crisis, 1914-1933". publicado en *Estudios Ibero-Americanos, PUCRS*, v. XXXIV, n. 2, diciembre 2008, pp. 31-48. Disponible en versión electrónica: <http://revistaseletronicas.pucrs.br/ojs/index.php/iberoamericana/article/viewFile/4503/3416>.

Figura 13. "Modas", revista *Para Ti*, año IV, N° 170, Ed. Atlántida, Buenos Aires, 11 de agosto de 1925.

"... Otro detalle importante es la prolijidad; el ser prolija sin tiesura es muy fácil y se consigue dedicando atención a los cuidados del tocador. La mujer francesa, que siempre se presenta tan bien, es la prolijidad personificada..."

Y luego:

"... los vestidos bien conservados pueden, además, servir de un año para otro y mediante pequeñas reformas adquirir un aspecto nuevo y elegante, que permitirá más variación en el vestir. Con esto se evita comprar a principio de estación, cuando todos los artículos alcanzan precios subidos, y se puede esperar las liquidaciones, en las que la mujer encuentra ventajas para no desequilibrar demasiado el presupuesto..."

En otra de las secciones de la mencionada revista, titulada "Las Novedades", se puede corroborar que estaban en boga las pieles costosas como el loutre, el zorro, la chinchilla y la piel de liebre del Japón, entre otras.

"La individualidad de Vionnet", "La elegancia de Chanel" y "El éxito de Patou", eran algunos de los temas que se abordaban en la mencionada revista bajo un titular más que sugestivo: "Impresiones del Barón Meyer sobre los grandes modistos de París", en 1925.

Y es de la boca del mismísimo Patou cuyas palabras se reproducen en el mencionado artículo, donde se deja entrever el espíritu de la época en materia de moda y lujo: "... La moda se ha vuelto otra vez en forma espléndida. La verdadera elegancia es la sencillez figurada pero costosa por sus combinaciones de técnica y refinamiento..."[57]

No faltaban notas sobre joyas y perfumes, dos elementos típicos del signo de la suntuosidad y el lujo que marcó la moda en esos años. En relación a los perfumes, se podían leer artículos con consejos para aquellas que no podían costearse uno elaborado comercialmente, y de cómo prepararlos en casa. A modo de consuelo se marcaba que esa era una "costumbre que nació en París".

Tal era la importancia que se le daba al dinero y a la elegancia en esos años, que hasta se insertaban caricaturas al respecto. Reproducimos, a modo de ejemplo, el texto de una de ellas que se titulaba "La Adivina" en donde se muestra a un hombre consultando por su futura esposa: "Su futura mujer será muy bondadosa, superlativamente intelectual, delicada, aristócrata, de gran fortuna y lo adorará como a un dios".

La sección "Correo Femenino" del primer número incluía una frase bastante mordaz en su introducción: "... Y, finalmente pueden preguntar cuanto se les ocurra respecto a modas, tocador y prácticas sociales, asuntos que también suelen desvelar a las gentiles cabecitas, que, felizmente para ellas, no tienen más grave preocupación..."[58]

[57] Revista *Para Ti*, año IV, N° 172, Ed. Atlántida, Buenos Aires, 25 de agosto de 1925, p. 28.

[58] Ibídem, p. 42.

Figura 14. "La Adivina", revista *Para Ti*, año IV, N° 172, Editorial Atlántida, Buenos Aires, 25 de agosto de 1925.

En el año 1920 sale el primer número del *Semanario Yris*, que más tarde pasó a denominarse *Iris*, editado por la Editorial Atlántida. Este era un semanario popular, dirigido tanto a los hombres como a las mujeres. En él se publicaban artículos de gran variedad: actualidad internacional, interés general, notas sociales, política, deportes, novelas y por sobre todo curiosidades.

En las fotografías de actrices representando distintos roles en filmes de la época que hacían la "tapa" del Semanario *Iris* se pueden observar, en la vestimenta, claras influencias orientales y en las miradas provocadoras, la actitud más liberada de las mujeres europeas de la época.

En sus notas se pueden leer artículos que se refieren a esa vida mucho más "liberada" y desprejuiciada de los "locos años veinte" que en la Argentina (más recatada en sus hábitos) incluía el uso de drogas. En ellas se cuenta como morían y dilapidaban sus vidas los "cocainómanos" y los fumadores de opio en el viejo continente.

"Algunos diarios franceses se lamentan del creciente desarrollo que ha adquirido en Europa la afición a fumar opio, aún en las grandes ciudades del interior."

Figura 15. Tapa de revista *Iris*,
N° 108, Editorial Atlántida,
Buenos Aires, 31 de marzo de 1922.

Figura 16. Tapa de revista *Iris*, N° 107, Editorial Atlántida, Buenos Aires, 24 de marzo de 1922.

Y luego:

"... El aburrimiento, la curiosidad, incita a muchos a frecuentar los fumaderos, convirtiéndose muy pronto en recalcitrantes morfinómanos. El opio es una de las principales causas de la degeneración de las razas..."[59]

En otro artículo titulado "Cómo mueren los cocainómanos",[60] se lee: "... Margarita Hill, la famosa 'vampiresa' y renombrada aventurera, reina del mundo criminal, narra entre sus memorias sobre la vida del bajo mundo europeo y norteamericano, un episodio de la vida de una mujer enviciada en el uso de la cocaína". En el relato, se describe la decadencia de una mujer que viviendo una existencia rodeada de lujos, había caído presa del poder de las drogas, perdiendo así su vida acomodada y un matrimonio feliz, alcanzado en los años previos a su muerte.

En la Argentina, afortunadamente, la imitación tenía más que ver con la vestimenta, con el hecho de hablar el francés o el inglés, la práctica de deportes y el consumo de bienes lujosos que con aquéllas costumbres desenfrenadas. La sociedad argentina era mucho más temerosa del "qué dirán" y aquí se prefería "seguir" y no "innovar".

También se publicaban fotos de joyas en los contextos propios de la moda inglesa y francesa: "... Los modistos parisienses, hartos ya de inventar cosas con que volver locas a las mujeres, han cedido el puesto a los joyeros, quienes, no encontrando ya lugar donde exponer las alhajas, han elegido, con tal fin, las piernas de las elegantes...".[61] El tema de las joyas ocupaba grandes extensiones en los semanarios, a tal punto, que además se editaron artículos que contaban las desventuras extraordinarias que habían sufrido los

[59] "Las víctimas del opio", Revista *Iris*, año III, N° 115, Ed. Atlántida, Buenos Aires, 19 de mayo de 1922, p. 14.

[60] Revista *Iris* , año III, N° 124, Ed. Atlántida, Buenos Aires, 21 de julio de 1922, p. 13.

[61] Revista *Iris*, año III, N° 112, Ed. Atlántida, Buenos Aires, 29 de abril de 1922, contratapa.

Figura 17. "Interiores Suntuosos", revista *Para Ti*, año IV, N° 170, Ed. Atlántida, Buenos Aires, 11 de agosto de 1925.

Figura 18. Publicidad de automóvil, revista *Para Ti*, año IV, N° 170, Editorial Atlántida, Buenos Aires, 11 de agosto de 1925.

Figura 19. Publicidad de automóviles; "1921: Este es otro año", *Revista Atlántida*, año IV, N° 145, Ed. Atlántida, Buenos Aires, 6 de enero de 1921.

poseedores de joyas históricas.[62] En la Ciudad de Buenos Aires, la *Joyería Ricciardi* fundada por Luis Ricciardi a principios del siglo XX, se convirtió en un referente de la clase acomodada y en 1926 Miguel Santarelli hizo lo propio y fundó la joyería que lleva su apellido hasta el día de hoy.

En las revistas de la época era moneda corriente reproducir interiores suntuosos de lujosas propiedades, tanto europeas como locales.

También el automóvil, considerado un artículo de lujo, comenzó a formar parte de los gustos exquisitos de la época. El 11 de agosto de 1925, una nota titulada "La mujer y el automóvil",[63] da cuenta de este hecho:

> "... En tiempos pasados, cuando un auto no se descomponía demasiado a menudo llenaba plenamente su cometido. Hoy es casi siempre un objeto de lujo, hermoso en sus líneas, tapicería y detalles. Este cambio operado en menos de diez años es debido a la influencia de la mujer..."

> " (...) Un *necessaire*, un reloj cuadrado en caoba oscura, suman confort y riqueza a su interior. Las manijas en las puertas, ventanas, teléfonos, deben ser terminadas en níquel, plata, bronce o metal dorado..."

También el deporte se convirtió en un hecho social de relevancia y pasó a ocupar importantes espacios en las revistas de la época. El tenis y el golf, considerados muy aptos para "estar en forma", aconsejaban determinadas vestimentas que también marcaban tendencia.

Comenzó además, a producirse un cambio en las costumbres de las mujeres europeas que se atrevieron a practicar deportes antes considerados sólo "masculinos". Fue el caso del *rugby* y del *football*, entre otros. De estos hechos daban cuenta las páginas de las revistas femeninas y de interés general, que

[62] "Joyas Fatales", Revista *Para Ti*, año 1, N° 1, Ed. Atlántida, Buenos Aires, 16 de mayo de 1922, p. 18.

[63] Revista *Para Ti*, año IV, N° 170, Ed. Atlántida, Buenos Aires, 11 de agosto de 1925, p. 75.

Figura 20. "Agnes Ayres", Tapa Revista *Iris*, Ed. Atlántida, Buenos Aires, 10 de mayo de 1922.

tomaban nota de todo aquello que ocurría tanto en Europa como en los Estados Unidos de Norteamérica.

El 23 de mayo de 1922,[64] aparece en la revista *Para Ti* una nota titulada "Distinguidas deportistas femeninas. Cinco minutos de conversación con una footballer", en la que se reproduce una entrevista de la "*Señorita Carmen Pomies, jugadora de football, francesa, del team internacional Dick Kerr, de Preston*, en la que la susodicha relata como ingresó al equipo en el año 1920 y los beneficios que éste le produjo en su salud. Menciona además su interés en otros deportes como el tenis, el hockey, los patines, el *push ball*, la natación, las carreras, el lanzamiento de la jabalina (en el cual había obtenido el segundo puesto en el campeonato parisino) y el atletismo en general". Finaliza la nota diciendo: "… ¿No les parece romántico que los dos más famosos *teams* de football masculino y femenino hayan provenido ambos del mismo pueblo, y ambos hayan iniciado su carrera casi en el mismo terreno?…"

Al mismo tiempo, como la sociedad argentina, era más recatada en sus costumbres deja entrever sus temores en una nota titulada "El deporte ¿es enemigo del hogar?"[65] La cronista se pregunta si esto es realmente así, buscando respuestas en especialistas del deporte y en las mismas deportistas. En ellas podemos ver reflejados en este tipo de artículos, los escrúpulos de la sociedad argentina en relación con esas costumbres "imitativas" que podrían poner en riesgo la felicidad conyugal. Como aporte cita el comentario de Mlle. Susy Leffond, reina de la belleza y del *sport*:

> "… A condición también que la mujer deportista no se considere igual al hombre, cambiando de esta manera espíritu, lenguaje y manera. La competencia es enemiga de la feminidad; es ella, la que en el deporte, puede volverse enemiga del hogar…"

[64] Revista *Para Ti*, año 1, N° 2, Ed. Atlántida, Buenos Aires, 23 de mayo de 1922, p. 15.

[65] Meyer, Lucía, "El deporte ¿es enemigo del hogar?", revista *Para Ti*, año IV, N° 173, Ed. Atlántida, Buenos Aires, 1° de septiembre de 1925, p. 5.

Otras opiniones sin embargo, apoyan el hecho de que la mujer sea muy deportista si lo es el marido, de lo contrario, sería contraproducente.

"El golf es un *sport* apropiado para la mujer",[66] un artículo publicado en el primer número de la revista *Para Ti* en el año 1922 ya mostraba este recelo, ya que según se lee, la autora opinaba que era el único pasatiempo atlético que permitía al hombre y a la mujer actuar en el mismo plano: "En muchos clubs, hombres y mujeres toman parte en los mismos torneos". Además, se aconsejaban el uso de determinadas prendas cómodas y elegantes para permitir libertad de movimientos, y los zapatos de tacón bajo.

Pero la mujer argentina no sólo imitó a sus congéneres de los países del norte en la vestimenta, sino que también lo hizo en los peinados de su cabeza: se cortó el cabello a lo *garçonne*.

Al parecer, las vecinas brasileñas también hicieron lo mismo, para escándalo de la sociedad de entonces.

Se observa en un titular en la revista *Iris* del 6 de octubre de 1925, "Contra la Melena"[67] donde su texto reza: "... El intendente de una pequeña ciudad cerca de San Pablo, Brasil, ha establecido una ordenanza mediante la cual cualquier peluquero que corte el cabello de una mujer sin el permiso de su marido, padre o hermano mayor, será pasible de una multa...".

No se conoce si dicho decreto finalmente se respetó, pero lo cierto es que "las libertades" que la mujer latinoamericana estaba tomando por cuenta propia imitando a sus pares norteamericanas y europeas no pasaban desapercibidas.

No sólo la moda femenina, sino también la masculina, estaban sujetas a los "caprichos" de esos tiempos que, al decir de Ortega y Gasset, eran "tiempos de juventud". Cuenta de esto nos la aporta una nota publicada en *Para Ti* en 1925[68]

[66] Kissel Eaton, Ina, "El golf es un sport apropiado para la mujer", revista *Para Ti*, año I, N° 1, Editorial Atlántida, Buenos Aires, 16 de mayo de 1922, p. 15.

[67] Op. cit., año IV, N° 178, p. 18.

[68] Solís, Lucio, "Frivolidades", revista *Para Ti*, año IV, N° 171, Ed. Atlántida, Buenos Aires, 18 de agosto de 1925, p. 75.

Figura 21. Publicidad de casa de modas masculina, en *Revista Atlántida*; año IV, N° 145, Ed. Atlántida, Buenos Aires, 6 de enero de 1921.

Figura 22. Publicidad de casa de modas masculina, en *Revista Atlántida*; año IV, N° 156, Ed. Atlántida, Buenos Aires, 24 de marzo de 1921.

cuando el mismo cronista se lamenta de ello y dice: "... Para soportar las tiranías de esa reina que gobierna el mundo de las modistas y de los sastres ya no es suficiente con poseer un cuerpo joven. Por lo visto, hay que retroceder más todavía y disponer de un cuerpo de recién nacido. Hoy por hoy, los hombres vestidos de frac, se aproximan más que otro alguno a este ideal: van fajados..."

El autor, se lamenta de los altos costos de los chalecos de frac y de su reducido tamaño, de las incómodas "chisteras", como así también de la inevitable posibilidad de estar ajenos a la moda so pena de ser condenado por la comunidad: "... ¡Y que le voy a hacer, si no hay más remedio! Seguir el camino de los demás o aparecer a los ojos ajenos en clase de bichito antediluviano..."

Claudio Martínez, profesor de "Historia de la Moda", en un reportaje concedido a la revista *Para Ti*[69] nos recordaba que a partir de los años 20 los hombres comenzaron a usar gomina y los que no podían permitírselo, utilizaban dulce de membrillo para lograr el toque abrillantado y pegado a la cabeza al estilo de Rodolfo Valentino. En sus mismas palabras: "... Aunque parezca mentira, a principios de siglo algunos hombres solían usar polvo blanco en la cara y hasta se acentuaban las cejas y se pintaban los labios como Florencio Parravicini. A los compadritos, incluso, se los consideraba amanerados por la forma que tenían de llevar el sombrero y porque usaban pañuelo, pantalones 'bombillas' y zapatos con 'taquito militar', que eran más altos que los zapatos comunes...". Para los hombres el uso del sombrero de fieltro en invierno y el de paja en verano era condición *sine que non*.

[69] Maldonado, Paulina; "Hojeando la Historia"; revista *Para Ti*, N° 4329, Ed. Atlántida, Buenos Aires, 8 de julio de 2005.

2.

Thorstein Veblen: moda, economía y sociedad

"... Cásate conmigo... enfrentaré a mi familia de bárbaros..."[1]
ETIENNE BALSAN A GABRIELLE "COCO" CHANEL

La obra de Veblen no pertenece a un género exclusivamente económico; este pensador americano, pero de origen noruego, escribió su original obra *La Teoría de la Clase Ociosa* (1899) basado en la pura observación de la vida cotidiana, en la que identificó la actuación de múltiples fuerzas subterráneas cuyas consecuencias desconocía por entonces la ciencia económica. Así, para incorporar nuevos instrumentos conceptuales recurrió a fundamentar sus investigaciones en la antropología, la etnología y la sociología, y, de esta manera, se constituyó en uno de los economistas que más audazmente abordaron el tema de la envidia y la emulación como motores del consumo. Un estilo de consumo al cual llamó "pecuniario", "ostensible" y hasta "derrochador",

[1] De la película "Coco antes de Chanel", dirigida por Anne Fontaine, adaptación del libro biográfico *L'Irreguliere*, de Edmonde Charles Roux por el guionista Christopher Hampton, París, 22 de abril de 2009.

adjetivos que le sirvieron para perfilar el comportamiento de los seres humanos en su frenética búsqueda de la riqueza.

A través de aquella obra –afirma John K. Galbraith en la "Introducción" que escribió para la edición de este libro–[2] se atrevió a postular como explicación de la prosperidad la avidez por el dinero y la voluntad de emulación.

Sin embargo, por el sesgo de sus investigaciones, los economistas lo consideraron un sociólogo aunque en el campo de la sociología no veían en él más que a un economista. El secreto que dispara esta visión ambigua, cuando no contradictoria, de sus principales ideas se esconde en el tratamiento metodológico de las verdades esenciales de su disciplina, y es –precisamente– este camino novedoso el que lo aproxima tanto a nuestra sensibilidad actual para abordar las cuestiones económicas. Por ejemplo, para Veblen, la "buena fama" se logra a través del gasto que se realiza en cosas superfluas, y tal comportamiento no se activa sólo para conseguir bienestar, sino principalmente para lograr "buena reputación", es decir, con el fin de *hacerse ver.* Al respecto, el psicólogo italiano Fernando Dogana[3] coincide con esta postura en cuanto afirma que se ha podido comprobar que el consumidor, cuando adquiere un bien, no lo hace solamente por sus cualidades de eficiencia o funcionalidad, sino además por su significación, por lo que simboliza y por la serie de valoraciones emotivas que la posesión de ese bien expresan.

Los gastos a los que alude Veblen y a los que dedicará sendos estudios, son los que proceden de la adquisición de vestidos, casas suntuosas, objetos costosos y, por sobre todos ellos, el séquito. En otras palabras, el conjunto de elementos que, no siendo esenciales para la vida, sin embargo son los requeridos para alcanzar una "buena reputación".

La originalidad de este planteo para su época consistió, pues, en no desprender los hechos económicos del conjunto de los sentimientos humanos y

[2] Galbraith, J., "Thorstein Veblen y la Teoría de la clase ociosa", en Veblen, Thorstein, *Teoría de la clase ociosa*, Fondo de Cultura Económica, México, 1944 [1899].

[3] Dogana, Fernando, *Psicopatología del Consumo Cotidiano*, Ed. Gedisa, Barcelona, 1984, p. 19.

del abanico de sus pasiones, sino, al contrario, en encontrar en ellos la justificación de muchas decisiones económicas. Las reflexiones sobre la competencia, el deseo de sobresalir, la empatía entre los ídolos y las masas –a quienes se consagran con sus modas–, y sobre la función emuladora que desencadena el prestigio, resultaron en la pluma de Veblen una anticipación que integraba los descubrimientos de disciplinas inusuales en el análisis económico. Como destaca Alberoni,[4] "las investigaciones de las motivaciones estudian los consumos como *proceder dotado de sentido*, pero en una acepción más amplia que la de la óptica racionalista del pasado; se los realiza con los conocimientos que nos dieron primero el psicoanálisis y luego la antropología".

Con la ayuda de ese enfoque integrador, podría decirse que Veblen logró captar como nadie hasta entonces la importancia de la "gratificación" como incentivo para una conducta de consumo, en especial, en su dimensión social, la cual finalmente explica la consagración de una "persona de éxito".

Hecha esta introducción, no nos resultará forzado aceptar que la *Teoría de la Clase Ociosa* estuvo destinada, desde su aparición, a provocar un cambio de paradigma en el calibre de las relaciones entre economía, sociedad y comunicación.

En efecto, para su análisis Veblen parte de una clasificación de las clases sociales en relación con la ocupación que desempeñan: la clase más alta estaría compuesta por aquellos que desarrollan tareas de gobierno, la guerra, las prácticas religiosas y los deportes, y estaría exenta de todo trabajo manual e industrial, apropiado sólo para las clases bajas. Consecuentemente, todo aquello que tenga relación con la obtención de los medios de subsistencia estaría en manos de la población ubicada en el segmento inferior de la escala social.

De esta manera, la "clase ociosa" surgiría en el proceso de transición desde los hábitos de vida pacíficos de las sociedades primitivas hacia los propios de las sociedades que él denomina "bárbaras" y que abundan en conductas belicosas.

[4] Alberoni, F.; "Le ricerche motivazionali per le indagini di mercato", *Studi di Mercato*, abril 1968, p. 103-111, en ibídem, p. 18.

Figura 23. Publicidad de Perfume "La Corrida", revista *Caras y Caretas*, número Almanaque, año XIII, N° 587, Buenos Aires, 1 de enero de 1910.

En la aparición de la "clase ociosa" deben estar presentes los siguientes factores:

- Que el pueblo en cuestión haya desarrollado costumbres depredadoras (de caza, de guerra, etc.).
- Que la abundancia de medios de subsistencia permita que una parte de la comunidad quede libre de las tareas afines a la conservación de la vida.

Según el economista, las tareas que corresponderían a la "clase ociosa" o de más alto rango, serían aquellas que podrían considerarse como "hazañas" y las indignas, serían las que se realizan en la vida cotidiana y que no implican ningún tipo de proeza. Esta idea de la vulgaridad "persiste con gran tenacidad como lugar común preconcebido incluso en la vida moderna, como se ve, por ejemplo, en la aversión por las ocupaciones serviles...".[5]

Es interesante notar que Veblen incluye dentro de la clase que realiza las tareas indignas o serviles a las mujeres y reserva para los hombres el monopolio de las "hazañas", justificándolo ya por su constitución física, ya por diferencias de temperamento. También, aquellos seres humanos que no son aptos para realizar las tareas propias de los hombres (como la lucha y la caza) son clasificados junto con las mujeres. Es decir, que toda tarea que no implique una hazaña visible es reputada como indigna para el varón pues sólo "aquellas ocupaciones clasificadas como proezas son dignas, honorables y nobles".[6]

Los botines obtenidos por medio de la depredación y la captura son los trofeos que constituyen la prueba visible de la superioridad y de la honorabilidad. En esta fase de la cultura depredadora, Veblen compara al acto "honorable con la agresión" y sostiene que la prueba de ello la constituye el hecho de que, incluso en las sociedades modernas, causan fascinación las

[5] Veblen, T., op. cit., p. 16.

[6] Ibídem, p. 23.

divisas heráldicas diseñadas con figuras de animales depredadores o aves rapaces en los escudos familiares. "La fase cultural depredadora se alcanza sólo cuando la actitud depredadora se ha constituido en la actitud espiritual habitual y acreditada de los miembros de un grupo" y "por lo tanto la diferencia sustancial entre la fase cultural pacífica y la depredadora es, por tanto, una diferencia espiritual, no mecánica".[7]

Ahora bien, para llegar a esta fase es necesario que los métodos industriales sean suficientemente eficientes como para producir bienes que cubran con exceso las necesidades primarias y por lo tanto, que quede un margen por el que valga la pena pelear. Así, el surgimiento de la "clase ociosa" parece coincidir con la aparición de la propiedad privada –no sólo de las cosas, sino también de las personas–. Las mujeres y los esclavos constituyeron también parte de esos botines de guerra que se exhibían como trofeos en tiempos pretéritos.

Llegamos, entonces, a que la posesión de la riqueza confiere honor y, por lo tanto, constituye una distinción valorativa (*invidious distinction*), lo cual, en el curso del progreso cultural de la civilización, ha llevado a considerar a las pertenencias un signo, no ya la superioridad del grupo, sino la del individuo que las posee. Por ende, se hace fundamental "acumular, adquirir propiedad, con objeto de conservar el buen nombre personal".[8]

Es importante mencionar que Veblen hace una diferencia entre aquellos que adquieren la riqueza por mano propia y aquellos que la han recibido a través de la herencia. La de estos últimos se convierte, por un "refinamiento" posterior, en más honorífica que la de los primeros.

La energía pecuniaria marcaría una suerte de diferencia antropológica entre aquellos que la ostentan y el hombre medio, que vive en un constante estado de indigencia e insatisfacción con sus posesiones elementales. Los esfuerzos incesantes se dirigirán –una vez alcanzado el nivel correspondiente a su clase– hacia la generación de una diferencia entre él y ese estadio medio.

[7] Ibídem, p. 27.

[8] Ibídem, p. 34.

Pero esta carrera no tiene fin pues uno de los factores más importantes de la acumulación de riqueza es la emulación, creadora al mismo tiempo de envidias y de legítima admiración por parte de los otros, y un factor que aumenta la autoestima y el afán de destacarse ante los demás miembros de la comunidad. Por otra parte, la única forma que posee la clase trabajadora de conseguir una "buena reputación", es logrando eficiencia en sus tareas laborales, y la diligencia y el ahorro serían las características del sistema de emulación del hombre medio.

Pero la más importante demanda secundaria de la emulación pecuniaria según Veblen sería la de no realizar ningún trabajo productivo o servil. La "clase ociosa" se apartaría, entonces, de toda tarea rutinaria pero sus actividades deberían denotar que contribuye al sustento del grupo. Esas actividades, como se mencionó anteriormente, serían las de "gobierno, la guerra, los deportes y las prácticas devotas",[9] y no estarían exentas de cumplir con un imperativo ético por el que se obligan a emplear al ocio de una manera adecuada. Las pruebas de este "buen uso" estarían expresadas en ciertos "bienes intangibles", a saber, el tiempo que se ocupa aprendiendo, "los modales, la buena educación, los usos corteses, el decoro y, en términos generales las prácticas formales y ceremoniales". De forma concomitante, estas habilidades vendrían a demostrar no sólo distinción, sino también dedicación y gastos.

Otra de las características de la "clase ociosa" radica en la capacidad de sustentar un número elevado de sirvientes que generen bienes para ella y que también los consuman: ese grupo resultaría el *sumun* de la muestra de la capacidad pecuniaria del sujeto en cuestión. A la cabeza de séquito estaría la esposa, quien preferentemente debería provenir de un linaje de alcurnia, con la necesaria capacidad de protección, para que ningún quebranto económico pudiera hacer peligrar la riqueza familiar.

¿Qué pasa, en el estadio del desarrollo industrial, con la clase baja? Ya hemos advertido que, según Veblen, la clase más baja sólo puede consumir

[9] Ibídem, p. 48.

aquello que es indispensable para su subsistencia, pues el lujo y las comodidades de la vida sólo pertenecen a la “clase ociosa”. Más aún, principalmente al “caballero ocioso”. Es él quien tiene el privilegio de consumir lo mejor, ya sea en la forma de alimentos, diversión, vestimenta, habitación, armas, etc. En una segunda instancia, se ubicarían aquellos bienes consumidos por la esposa y el resto del personal que compone la comunidad doméstica. Respecto del servicio doméstico, una de las manifestaciones de la riqueza del señor de la casa sería la imposición del uso de uniformes que indicarían, por parte del siervo, su condición dependiente y, por parte del amo, su capacidad de consumo ostensible.

Sin embargo, la verdadera opulencia se expresa en la ayuda a amigos, o incluso competidores, ya ofreciendo regalos, ya fiestas o las más caras diversiones.

Ahora bien, a medida que tiende a desaparecer la servidumbre, en las clases más bajas, la obligación del consumo ostentoso y del ocio recae sobre la esposa, de manera similar –aunque por otras razones– a lo que sucede con el hombre de negocios de la clase media moderna, que se ha visto obligado a trabajar y que, por lo tanto, deriva el ocio y el consumo en la persona de su esposa y su familia, haciendo que la reputación del cabeza de familia dependa del consumo de ellos.

En estas condiciones, la “clase ociosa” ocupa la cúspide del reconocimiento social en las comunidades urbanas e industriales y extiende su influencia hacia abajo y por ende, provoca una demanda por conseguir dinero y bienes que se transforma en primordial por efecto de la necesidad de emulación. El economista americano destaca que, hasta en las clases más pobres, el varón y los hijos dejan de consumir objetos valiosos con el fin de mantener las apariencias “quedando la mujer como único exponente del decoro pecuniario de la familia”, y defiende que “ninguna clase social, ni siquiera la más miserablemente pobre, abandona todo consumo ostensible consuetudinario. Los últimos artículos de esta categoría de consumo no se abandonan, sino bajo el imperio de la necesidad más extrema. Se soportan muchas miserias e incomodidades antes de abandonar la última bagatela o la última apariencia de decoro pecuniario. No hay clase ni país que se haya inclinado ante la presión de la necesidad física de modo tan abyecto que haya llegado a negarse a sí misma la satisfacción de esa necesidad superior o espiritual...".[10]

Veblen recalca que no debe considerarse el término "derroche" asociado a una connotación negativa sino con un propósito valorativo, y, para ejemplificarlo, afirma que algunos objetos que inicialmente se consideraban como "de derroche" terminaron por convertirse, para el consumidor, en indispensables. Vestidos, joyas, sombreros, ropa interior bordada, alfombras, cubiertos de plata y servicio doméstico, son algunos de estos objetos.

Según nuestro autor, es en las clases sociales que mantienen un nivel de gastos que permite sostener una buena reputación, donde se verifica una reducción en las tasas de natalidad. Lo mismo sucede con el gasto destinado al consumo interno del grupo familiar de las comunidades industriales, donde una parte de los recursos se desvía hacia los objetos de consumo que pertenecen a la clase social con alto poder adquisitivo, es decir, hacia aquellos gastos "no visibles" como la educación. Esto ocurre porque muchos de los objetos de consumo de uso cotidiano pasan a formar parte, una vez que se ha superado el nivel de necesidades básicas, de un estilo de vida. A su vez, muchos de ellos terminan transformándose en parte de esas necesidades básicas, y por lo tanto, prescindir de los mismos implicaría una reducción del bienestar físico y psíquico. "En personas de sensibilidad delicada que han estado largo tiempo habituadas a las buenas formas, en el sentido de lo vergonzoso del trabajo manual, puede llegar a ser tan fuerte que en situaciones críticas supere incluso al instinto de conservación...".[11] Factores hereditarios y temperamentales son de vital importancia, según Veblen, en la formación de esta habituación. Así, llega a decir: "... con la excepción del instinto de conservación, la propensión

[10] Ibídem, pp. 91-92.

[11] Ibídem, p. 50.

emulativa es probablemente el más fuerte, persistente y alerta de los motivos económicos propiamente dichos...".[12]

Se trata, en suma, de no perder a través del consumo de determinados bienes y de la adquisición de riqueza, el valor y la visibilidad del mensaje "soy exitoso", fomentado también por el temor a la condena, a la desaprobación o a la difusión de comentarios negativos por parte del resto de la sociedad.

En síntesis, la emulación y la envidia hacia la clase inmediatamente superior a la que el individuo pertenece serían el motor que induciría a un consumo que superase la satisfacción de las necesidades básicas y que, por lo tanto, va más allá del consumo medio.

Si se aceptan estas tesis, se abre para el análisis de la cuestión en el siglo XXI un amplio panorama de relaciones conceptuales y constataciones empíricas.

Si se toma el caso de los adornos, se sabe por estudios antropológicos –con cuyas apreciaciones coincide Veblen y así lo manifiesta en su obra– que el objetivo primordial de los éstos es acentuar la atención sobre la propia persona. Éstos, cuanto más costosos y bellos (según los cánones que establece cada cultura y época) más efecto producen sobre los otros.

Así, una de las cuestiones que se plantea nuestro autor, es que lo oneroso pasa a constituir uno de los aspectos de la belleza de los objetos con atribución estética. Son bellos en tanto son costosos y aportan honor al que los lleva. Inversamente, se deduce que todo lo que no es costoso no es bello.

La moda en el vestido pasaría a ser el paradigma de lo expuesto. Para Veblen, "lo bello" se define por "una diferencia en el código de reputación la que especifica qué objetos caben adecuadamente dentro del ámbito del consumo honorífico para la clase a que pertenece el crítico".[13] Es decir, que los cánones del buen gusto, estarían regulados según nuestro autor, por la reputación pecuniaria. En esta perspectiva, el ideal de belleza consolidado para alcanzar la

[12] Ibídem, p. 116.

[13] Ibídem, p. 138.

aprobación de los demás miembros del círculo social al que se pertenece o al que se desea pertenecer quedaría delimitado por una matriz en la que intervienen como sus ejes el derroche y la ociosidad.

Si se toma el caso de la belleza femenina en los tiempos de Veblen, las damas vivían "encorsetadas" para mantener un talle de avispa. Su uso por parte de las mujeres de las clases superiores denotaba que no podían ejercer ningún trabajo productivo, mientras que las campesinas y personal de limpieza (estratos sociales inferiores) no lo podían usar, ya que para desempeñar tareas serviles y, por lo tanto, hacer uso de su físico necesitaban "estar libre del *corset*".

Para mencionar otro ejemplo, el economista trae a la memoria la costumbre que tenían en la cultura china respecto de los pies deformados de algunas mujeres, artificio que cumplía el mismo objetivo anteriormente señalado: conformar la figura corporal a la estética dominante dentro de la cultura y la época a la que se pertenece, para comunicar lo mismo que sus coetáneos occidentales "un ideal de belleza femenina" que muestre la relación entre el valor estético y el pecuniario. De acuerdo con Veblen, la mutilación con la finalidad de rebajar la vitalidad se compensaría con la buena reputación obtenida en el imaginario social.

En nuestra civilización, el mensaje a transmitir para conseguir el ascenso social, sería el de usar vestimentas costosas, cuyo valor monetario sea notorio a simple vista. Obviamente, además del máximo costo posible tienen que estar a la última moda. Un vestido de bajo presupuesto se asocia inmediatamente con la baja calidad y este atributo se transfiere inmediatamente a la persona.

En otras palabras, si la persona puede demostrar que además de usar vestidos costosos, no puede ejercer ninguna tarea productiva ya sea por la incomodidad que su uso le impone, como así también por los colores (que deben permanecer inmaculados y libres de toda mancha) estaría expresando que no está obligada a ganarse la vida y que se dedica a tareas ociosas (con lo cual crece más la reputación del jefe de familia). Prendas elegantes, incómodas (tacos altos, corsés ajustados, sombreros amplios, etc.) limpias y brillantes simbolizan, sin lugar a dudas, ocio y dinero.

La necesidad de un nuevo vestido, entonces, sería una necesidad superior o "espiritual" –en palabras de Veblen–, ya que su valor comercial no comprendería sólo el costo del material con el que están confeccionados, sino el hecho de "estar de moda" y al aumento de reputación que esa condición transfiere al individuo en cuestión.

Puesto que las modas son más efímeras en las sociedades en las que se requiere mostrar la riqueza acumulada, Veblen explica el cambio de la moda mediante la "ley del derroche" que lleva implícita una paradoja: "...el patrón que regula la reputación exige que el vestido muestre un gusto derrochador; pero todo derroche es ofensivo para el gusto ingenuo...".[14] ¿Cómo se resuelve entonces esta cuestión? La respuesta de Veblen quizás sería que, como la frivolidad y la ostentación que la moda impone son tan audaces que incluso llegan a ser insoportables, obligan a cobijarse en un nuevo estilo. De ahí, infiere, proceden "la fealdad esencial y el cambio incesante de los atavíos de moda".[15] Una explicación dialéctica que implica un verdadero cambio de nivel para atender un asunto reconocidamente mundano.

Si la moda de la *Belle Époque* había sucumbido hacia los años veinte bajo el deseo femenino de asimilarse al varón mediante el uso de pantalones, el corte de pelo (a la *garçonne*), los sombreros semejantes a un casco y la adopción de costumbres tan masculinas como fumar o beber, no es menos cierto que esa mutación hacia un estilo andrógino femenino (que se impuso también más tarde en el uso de enormes tapados, en los pantalones Oxford, en los *sweaters* y en los trajes tejidos durante los años setenta) era el precipitado social de las tendencias más profundas que atravesaban ya el arte de la mano de las vanguardias. Vale en este punto hacer mención a las palabras de Susana Saulquin: "... en las épocas con mayores diferencias entre las

[14] Ibídem, p. 182.

[15] Ibídem, p. 183.

vestimentas femeninas y masculinas, como por ejemplo en los años previos a la Primera Guerra Mundial, menores son las oportunidades vitales para la mujer...".[16] Hablamos, entonces, del temple de la existencia, del compás que sus vibraciones vitales imponen sobre el conjunto de las actividades humanas.

Cuando se pusieron de moda los trajes de dos piezas tanto Chanel como Patou apostaban a la comodidad de la mujer para facilitarle una inserción en la conducción de la sociedad que se vaticinaba inminente. El consumo de moda ostentoso, que se podía observar en la utilización de pieles, terciopelos y seda, respondía también a una presencia que ya no era secundaria sino protagónica: "... el material suntuoso era parte del estilo de opulencia y de lujo de la moda *Art Déco*...".[17] La década del veinte estaba marcada por la modernidad en todos sus ámbitos: en el cine comercial, en la publicidad, en el diseño industrial, en los impresos y gráficos comerciales, y en la forma y color de los objetos. El paradigma epocal, pues, se contagiaba en todos los rincones e imponía a la moda el mandamiento de hacer visibles las tensiones que afligían al espíritu europeo novecentista.

Estas reflexiones veblianas, nacidas de la voluntad por encontrar sentido a los cambios que desde la economía y la sociología asomaban por aquellos años del siglo XIX, tienden un puente hacia nuestros días y nos invitan a repensar la moda como la manifestación de profundos procesos de identidad y diferencia que se canalizan a través del entramado social y responden a motivaciones bastante alejadas de la mera preocupación por procurarse abrigo.

[16] Saulquin, Susana, *Historia de la Moda Argentina. Del miriñaque al diseño de autor*, Ed. Emecé, 2006, Buenos Aires, p. 181.

[17] Ibídem, p. 35.

3.

Ortega: una filosofía de la moda

"Casi toda mi obra ha salido al mundo usando el antifaz de artículos periodísticos."[1]
José Ortega y Gasset

Quizás debido a la influencia de su padre, José Ortega Munilla, quien además de académico fuera durante muchos años director del diario *El Imparcial* –uno de los más prestigiosos de la época–, José Ortega y Gasset escribió sus ensayos en periódicos y justificó gracias a su presencia constante en tantos medios gráficos la frase con la que comenzamos este capítulo. Esta condición de "articulista sobresaliente", como fue definido por Mario Lozzia a los 60 años de cumplirse al aniversario de la primera edición de *La Rebelión de las Masas*,[2] significó, sin embargo –en no pocos lectores–, el extravío de la profundidad filosófica en favor de aquellos exquisitos fragmentos de literatura inspiradora.

[1] Lozzia, Luis Mario, "Un libro sitiado por el tiempo", diario *La Nación*, 4° Sección –Letras, Arte, Ciencia–, Buenos Aires, 21 de octubre de 1990, p. 1.

[2] Ibídem.

De allí que algunos consideraran, también, que Ortega prefería los derroteros literarios por temas cotidianos a la escritura farragosa –pero filosóficamente aceptada– sobre abstracciones teóricas. Los efectos *negativos* de su brillante prosa se extendieron, así, sobre una buena parte de su producción intelectual a la que se le retaceó el reconocimiento de una auténtica densidad metafísica.[3]

Justamente esto ocurrió con el fenómeno de la "moda", a la que Ortega dedicó varios pensamientos de aguda originalidad: "... las modas –decía– no son un hecho frívolo sino de gran trascendencia histórica obediente a causas profundas...".[4] Y no faltaron ocasiones para que nuestro filósofo avanzara en ese terreno y se animara a proponer para la moda una consideración más detenida.

Si se toma la obra más divulgada de Ortega, *La Rebelión de las Masas*, hay en ella alusiones al consumo y a la moda, dos conceptos que se implican y nos conducen al análisis del comportamiento del "hombre masa", o mejor dicho, del "hombre medio" que ocupa desde el siglo XX el lugar central en la sociedad europea. Así es que la inicia preguntándose el porqué de las muchedumbres y porqué se hacían tan visibles en ese tiempo y no en otro, otrora dispersas y nucleadas en pequeños grupos. Es interesante que destaque "lo visual" que significó el hecho de que la muchedumbre saliera de las sombras y se hiciera ver.[5]

[3] "... Una causa más de la imantación ejercida por su obra: Ortega ha trabajado con preferencia sobre cuestiones vivas, es el gran buceador y descifrador de los problemas de nuestro tiempo. Opuesto a todo punto de vista eternista, a cualquier fuga anacrónica, afirmaba: No hay vida en abstracto. Vivir es haber caído prisionero de un contorno inexorable. Se vive aquí y ahora. La vida es, en este sentido, absoluta actualidad". De ahí su prismática atención vertida hacia los temas y problemas más punzantes de nuestra época...". Cfr. De Torre, Guillermo; "Ortega y Gasset: El ensayista literario", diario *La Nación*, 10 de junio de 1956, p. 2.

[4] Ortega y Gasset, José, *La Rebelión de las Masas*, Obras Maestras del Pensamiento Contemporáneo, Ed. Planeta Agostini, Barcelona, 1984, p. 263.

[5] Nos parece oportuno en este punto citar las palabras del psicólogo Sergio Balardini en una nota publicada el 9 de julio de 2009 en el diario *Crítica de Argentina* en relación a la necesidad de exposición de las personas a través de las nuevas tecnologías: "... Hay una incentivación mayor a la

Vale aclarar que cuando Ortega utiliza la palabra "masa" no se refiere a la "masa obrera", sino al hombre medio. Es decir que la "masa" atraviesa todas las clases sociales: en todas y en cada una de ellas hay los que denomina hombres "masa" y hombres "selectos". La diferencia de la masa en relación con "las minorías" es que estas últimas serían aquellas "especialmente cualificadas" para tratar no sólo asuntos políticos e intelectuales sino todos los que impliquen el reconocimiento de la propia limitación y posean la docilidad mental para recibir de otros la orientación necesaria.

Entiéndase, por consiguiente, que para el pensador español –como bien lo aclara en sus escritos– "masa" es aquella persona que no se cuestiona, que no se esfuerza por mejorarse a sí misma. En cambio el "ser cualificado" o "selecto" es aquél que se exige, que se esfuerza, que no se contenta con ser lo que es, sino que busca la perfección, o al menos, toma nota de ello. En otras palabras, que sabiéndose vulgar lo reconoce. En cambio el hombre "masa" no ve esta diferencia, quiere ser "como todo el mundo" y se siente orgulloso de ello. "Como se dice en Norteamérica –aclara Ortega–: ser diferente es indecente. La masa arrolla todo lo diferente, egregio, individual, calificado y selecto. Quien no sea como todo el mundo, quien no piense como todo el mundo, corre el riesgo de ser eliminado".[6]

El hombre masa para Ortega es el que cree saberlo todo y, como afirmó Raúl Abdala en un artículo publicado en el diario *La Prensa* el 5 de abril de 1981[7] es el hombre que cree que además de saberlo todo, está "de vuelta" de todas las cosas, "tiene el alma obliterada". ¿Y por qué Ortega se detiene en las masas "rebeldes"? Porque entiende que pretenden ocupar un lugar que no es de ellas sino de las minorías y que al hacerlo ponen en peligro a

exposición y espectacularización de las vidas privadas. Aparece la imperiosidad de la celebridad, de ser popular, ser visto y ser visible...".

[6] Op. cit., p. 48.

[7] Abdala, Raúl Oscar, "Masa y hombre masa en Ortega y Gasset", diario *La Prensa*, Sección Literaria, 5 de abril de 1981, p. 5.

toda la sociedad pues atacan las normas establecidas que "regulan, explican y conservan la vida civilizada y el cotidiano milagro de la prosperidad".[8]

"Véase a cuanta distancia se encuentra Ortega de ser, como a veces se lo ha supuesto, un adulador de círculos frívolos, un obsequioso solventador de elegantes displicencias, una especie de brillante juglar que acaricia oídos cortesanos",[9] como sostiene Abdala en el artículo citado. De ahí que sus palabras sobre la moda puedan aceptarse como una mirada penetrante sobre una de las claves para entender la situación vital del hombre contemporáneo.

No hay que olvidar que cuando escribe *La Rebelión...* el desarrollo de las industrias del consumo había contribuido a que se produjese una enorme emigración del campo a las ciudades y a la generación de una importante oferta de bienes que no sólo abarcó la industria del mercado inmobiliario, sino también el de la indumentaria, la alimentación y por sobre todo, la del entretenimiento.[10]

En este sentido, Ortega descubre rápidamente que "la invención de la moda va quedando en nuestro tiempo sometida cada vez más a las leyes objetivas de la estructura económica. No aparece aquí o allá un artículo que luego se hace moda, sino al revés: se producen desde luego artículos con la intención de que sean moda. En ciertas ocasiones hay como la exigencia 'a

[8] Recordemos en esta instancia la obra de M. J. Bonn: "Prosperity –ascensión y caída de la riqueza americana" que fuera publicada en 1931 por la *Revista de Occidente* fundada por Ortega.

[9] Abdala, Raúl O., "El Aristocratismo de Ortega", diario *La Prensa*, 27 de noviembre de 1966.

[10] En relación con el entretenimiento, precisamente, y al hecho de que las muchedumbres se hacen ver y se manifiestan deseosas por hacerlo, parece de gran actualidad su análisis cuando leemos en la tapa de *La Nación Revista*: "Estar en la vidriera: la Web y la TV ya no imponen límites a los que quieren mostrarse. Desconocidos, y no tanto, se exponen cada vez más para ser vistos y alcanzar la fama. ¿Es el fin de la era del pudor?" (Scherer, Fabiana, "Estar en la vidriera", *La Nación Revista*, N° 2085, 21 de junio de 2009). En relación con la falta de pudor –como sucedía en los años veinte– recordamos lo dicho por ese gran intelectual argentino que fue José Luis De Imaz en la entrevista que le realizáramos un año antes de su muerte, siempre referida al tema de la moda: "Yo soy la última expresión del pudor. Creo que es un término que ha desaparecido del ámbito, ya que dentro de poco los jóvenes nos van a preguntar ¿qué es el pudor? Porque nunca habrán oído esa palabra.", en Veneziani, Marcia, *La Imagen de la moda*, Buenos Aires, Ed. Nobuko, 2007, p. 122.

priori' de una nueva moda, y a tal punto se encuentran inventores e industrias que trabajan exclusivamente en llenar ese hueco".[11]

Tampoco Simmel en su *Filosofía de la Moda*[12] es ajeno a este fenómeno cuando define a su tiempo como una época de "dispersión individualista"[13] en la cual obtiene un importante sentido este factor de homogeneidad tan propio de la moda. Ahora bien, cuando quiere explicar ese fenómeno tiene que referirse a la "imitación", es decir, a ese debate interior del ser humano entre la necesidad de adaptación y de aprobación social por un lado, y de diferenciación por el otro, con el fin de hacer sobresalir su propio "yo" por sobre el de los demás. A través de la imitación, pues, el ser humano satisface la necesidad de distinguirse (ya que se imita a aquellos con los que se está o desea relacionarse) consiguiendo de este modo la aprobación social y la admiración de los "otros", y pasando a integrar un grupo determinado en el juego de las diferenciaciones sociales.

Aquí asoma una aparente contradicción: ¿cómo es posible que, por una parte, sea requisito "ser igual a los otros" (consumir las mismas marcas, ir a los mismos lugares) y, al mismo tiempo, se conviva con el anhelo creciente de gozar de una alta exposición pública sin pudor de ningún tipo –característica narcisista sine qua non de nuestro tiempo presente–? Para responder a esta pregunta hay que investigar un poco más en el lugar que ocupa la moda en el escenario social.

Para Ortega, como bien lo aclara en *La Rebelión de las Masas*, "… la vida pública no es sólo política, sino, a la par y aún antes, intelectual, moral, económica, religiosa; comprende los usos todos colectivos e *incluye el modo de vestir y el modo de gozar…*".[14] Es natural, entonces, que cuando nuestro filósofo se refiere

[11] Op. cit., p. 65.

[12] Corresponde destacar que Ortega se ocupó de traducir del alemán la obra *Filosofía de la Moda* que fue publicada por Revista de Occidente en 1923.

[13] Simmel, Georg, *Filosofía de la Moda*, Revista de Occidente, Madrid, España, 1924, p. 72.

[14] Op. cit., p. 42.

a que las masas lo dominan todo y toman aquello que otrora pertenecía a una minoría algunos se escandalicen: "...Se quiere que el hombre medio sea señor. Entonces no extrañe que actúe por sí y ante sí, que reclame todos los placeres..." y luego: "... que cuide su persona y sus ocios, que perfile su indumentaria...".[15]

De ahí que Ortega no se rehúse a utilizar la moda como un camino de acceso al dinamismo vital de una sociedad. "Es un error –dice– desdeñar los caprichos de la moda; si los analizamos nos servirán como datos de la más fina calidad para insinuamos en lo recóndito de una época".[16]

Esta capacidad de describir desde dentro la estructura de cada momento de la historia, la posee la moda por su misma adscripción al universo de la vida pues "... la vida humana es en su propia sustancia y en todas sus irradiaciones creadora de modas ó, dicho en otro giro, es esencialmente "modificación".[17] Una afirmación atrevida en función de la cual se anima a elevar las variaciones cíclicas de la moda a la categoría de "ley profunda de lo real".[18]

Esta sujeción de la moda a las características de la vida –en especial a su fugacidad– deslumbraba a Ortega: es moda porque pasa, porque muere para volver a renacer. Simmel había descubierto también esa secreta conexión entre moda y vida: "cuanto más nerviosa es una época, tan velozmente cambian sus modas" y lo explicaba diciendo que esto se debía a que uno de sus soportes principales (los que él llamaba la sed de excitantes siempre nuevos) marchaba en sintonía con la "depresión de las energías nerviosas".[19]

[15] Op. cit., p. 53.

[16] Ortega y Gasset, "De las Atlántidas", *El Espectador*, octubre de 1924.

[17] Ortega y Gasset, José, "Para la Historia del Amor", *Obras completas*, Madrid: Revista de Occidente, Vol. III, 1946-1983 (1926), p. 439.

[18] Ibídem, p. 439.

[19] Simmel, Georg, *Filosofía de la Moda*, Revista de Occidente, Madrid, España, 1924, p. 73.

Por otra parte, la biología demostraría –para el filósofo español– que el instinto de superación y predominio es más significativo que el instinto de conservación, y cree reconocer la prioridad de aquel impulso en la importancia de la función del adorno para el hombre primitivo. Escribe en sus "Notas" que la primera acción artística que el hombre realizó fue la del adorno y lo hizo sobre su propio cuerpo. Ese habría sido el germen de todas las demás artes: "... Y esa primera obra de arte consistió sencillamente en la unión de dos obras de la naturaleza que la naturaleza no había unido. Sobre su cabeza puso el hombre una pluma de ave, o sobre su pecho ensartó los dientes de una fiera, o en torno a la muñeca se ciñó un brazalete de piedras vistosas. He ahí el primer balbuceo de ese tan complejo y divino discurso del arte...".[20] Para Ortega el hecho de que el indio se pusiese esa pluma en su cabeza era la indicación de que él ya sabía que era expresión de la idea que él mismo tenía de su persona. En una genial comparación con la gramática, el filósofo afirma que ese era el modo del indio de atraer la atención de los otros: que mirasen su pluma (el acento) para ver luego la letra (su persona): "... la pluma acentúa, destaca la cabeza y el cuerpo del indio, va como un grito de color lanzado a los cuatro vientos...".[21]

Se mencionó más arriba que el pensador consideraba al hecho de la moda como una manifestación más de un momento histórico, de un fenómeno social y como tal, susceptible de estudio. Ahora bien, si la moda está socialmente vinculada con la ostentación y ésta con el dinero, no podría cerrarse el círculo hermenéutico sin aludir a esa relación: "un hombre –dice Ortega– llega a la ciudad y a los cuatro días puede ser el más famoso y envidiado habitante de ella sin más que pasearse por delante de los escaparates, escoger los objetos mejores – el mejor automóvil, el mejor sombrero, el mejor encendedor, etc. y comprarlos. Cabría imaginar un autómata provisto

[20] Ortega y Gasset, José, "Notas", en *Marco traje y Adorno*, segunda edición, Colección Austral, Buenos Aires, Ed. Espasa Calpe, 1941, p. 115.

[21] Ibídem, p. 116.

de un bolsillo en que metiese mecánicamente la mano y que llegara a ser el personaje más ilustre de la urbe...".[22] El 15 de mayo de 1927, en el diario *El Sol* de Madrid publica un artículo (que luego se incorporaría a *La Rebelión de las Masas*) titulado "Los escaparates mandan". En él, Ortega reflexiona sobre la cuestión del dinero y de la ostentación provocadora de envidias. Denomina "épocas del imperio crematístico" a aquellos tiempos dominados por el poder del dinero y que corresponden con períodos de transición entre dos etapas; son épocas de "crisis".

Al entrar en crisis la constitución política y moral de la sociedad –afirma Ortega– faltan los motivos de jerarquización del ser humano (esto es, el impulso esencial de la socialización) y no queda más remedio que sustituirlo por un medio extrínseco y sin matices de diferenciación social: el dinero. Cuando es el dinero el que detenta el poder social, éste será mayor cuantas más cosas haya que comprar, y no cuanto mayor sea la cantidad del dinero en sí.

En la medida en que la vestimenta expresa la abundancia económica y su renovación constante es indicio de prosperidad, la moda se convierte *ipso facto* en una radiografía de la composición espiritual de una época o sociedad.

Pero no sólo eso revela la moda: también permite trazar los sutiles rasgos antropológicos que definen la manera de instalarse en lo real de un pueblo. El 19 de junio de 1927 Ortega y Gasset escribe otro artículo para el diario *El Sol* al que denomina "Juventud". Aquí, el filósofo español, afirma que hay épocas en que predomina lo masculino y, en otras, lo femenino; así como hay tiempos de juventud y tiempos de ancianidad. Estos extremos orientadores del ritmo vital de una época decantan en diferentes composiciones y diseños que la moda objetiva y que nos allanan el camino hacia los estratos más profundos de la identidad social (los usos, las costumbres y hasta los placeres se conmueven por la variación de aquellas coordenadas).

A partir de los años veinte, según Ortega, predomina la juventud sobre las generaciones mayores y no deja de mostrarse sorprendido del modo en

[22] Op. cit., p. 343.

que éstas se han vuelto tan serviles de la primera que la imitan hasta en su modo de vestir. Recordemos cómo el auge de las estrellas del cine mudo, de los músicos y del entretenimiento en general parecían ser la premisa del momento y cómo el estilo juvenil comenzó a contagiar a los adultos: "Aunque la época del jazz no había llegado a su fin", escribió Scott Fitzgerald, "dejó progresivamente de ser cosa de jóvenes".[23]

Lo que a Ortega le consta como evidente es que su tiempo se caracterizaba por el extremo predominio de los jóvenes. Repitiendo sus mismas palabras: "... es sorprendente que en pueblos tan viejos como los nuestros, y después de una guerra más triste que heroica, tome la vida de pronto un cariz de triunfante juventud. En realidad, como tantas otras cosas, este imperio de los jóvenes venía preparándose desde 1890, desde el fin del siglo. Hoy de un sitio, mañana de otro, fueron desalojadas la madurez y la ancianidad: en su puesto se instalaba el hombre joven con sus peculiares atributos...".[24]

De ahí la obsesión por el cuerpo y el placer. Se da preferencia a éste antes que al espíritu. Ortega nos recuerda hasta que punto esto es así, que la juventud alemana solicitó la disminución de la carga horaria de sus estudios universitarios para dedicarse a divertirse y gozar de la vida. Antes (siglo XIX), las jóvenes soñaban vestirse como sus madres, es decir, "de largo": la juventud servía a sus mayores. Ahora (siglo XX), se prefiere el estilo de vida del joven, y se desestima los de la vida madura (la primera caracterizada por lo exterior, la segunda por lo interior).

Las corrientes "americanistas" inundan el paisaje vital "europeo" y traen consigo una ola de imitaciones al tiempo que una repulsión hacia lo pretérito como tal. La juventud y su entusiasmo obsesivo por el cuidado del físico inauguran un momento de nuevas exigencias estéticas.

A su tiempo, Ortega lo define como "masculino", en primer lugar, porque el hombre estimaba su figura más que la de la mujer y la ostentaba (desde

[23] Yapp, Nick, *Décadas del Siglo XX, 1920's*, Ed. Könemann, Getty Images, London, 2004, p. 169.

[24] Op. cit.

la época de los griegos hasta los años veinte no se había hablado tanto del físico masculino, admirado en la figura del atleta), y, por otra parte, la mujer en ese período se asimiló al varón, copiando al hombre en su cuerpo andrógino: se aplana el pecho ("...el traje actual, aparentemente tan generoso en la nudificación, oculta, en cambio, anula, escamotea el seno femenino..."),[25] le da mucha importancia a los deportes y comienza a tener hábitos antes sólo del género masculino (comienza a beber y fumar en público). También lo imita en el vestir. "... ahora la mujer va desnuda como un muchacho..." "... las líneas generales de la actual figura femenina están inspiradas por una intención opuesta: la de parecerse un poco al hombre joven...".[26]

Esta mirada casi fotográfica de la época –típica del estilo periodístico de Ortega– coincide con el análisis de la moda que hacían muchos contemporáneos: a modo de ejemplo, en un artículo publicado en la revista *Para Ti*[27] el 1° de septiembre de 1925, "La Reina María de Rumania" (de la cual se publica un retrato dibujado y cuyo epígrafe reza: "La Reina María de Rumania en suntuoso traje de corte") su autora se lamenta de la moda de esa época afirmando que "la moda femenina de nuestros días acentúa la tendencia a borrar todo lo posible la diferencia entre uno y otro sexo. Casi podría decirse que a veces la mujer quiere tener en todo, con evidente injusticia, la parte mayor; exige sus prerrogativas de mujer, y saborea su fortuna fortuita de ser mujer; pero al mismo tiempo adopta los métodos del hombre, su continente, su actividad deportiva y, hasta donde sea posible su manera de vestir. Se corta el cabello, a pesar de que la cabellera fue siempre el adorno más precioso de la mujer...".

Esas figuras femeninas esqueléticas, de rostros pálidos y miradas sombrías, con el pecho achatado como en los años '20, ¿no se asemejan acaso

[25] Ortega y Gasset, José, "¿Masculino o Femenino?", en *La Rebelión de las Masas*, Obras Maestras del Pensamiento Contemporáneo, Ed. Planeta Agostini, Barcelona, 1984, p. 275.

[26] Ortega y Gasset, José, *La Rebelión de las Masas*, Edición de Thomas Mermall, Editorial Castalia, Madrid, 1998, apéndice: "¿Masculino o femenino?", *El Sol*, 3 de julio de 1927.

a las jóvenes modelos raquíticas y ojerosas de la actualidad desfilando por las pasarelas de París, Milán y América del Sur?, ¿no parece estar escuchando en las observaciones de Ortega una descripción de la época actual?, ¿la era del individualismo y el hedonismo?, ¿una época de señorío del dinero y de la imagen?

A cien años de aquellas reflexiones orteguianas todavía conmueve su lúcida capacidad de análisis del mundo en el que le tocó vivir, y le agradecemos la herencia de ideas que hemos recibido y que nos permiten, ahora, intentar la comprensión del fenómeno de la moda en el siglo XXI.

[27] Revista *Para Ti*, año IV, N° 173, 1° de septiembre de 1925, p. 15.

4.

Una mirada sobre la moda desde los códigos culturales

"Parece que no solamente cada ser, sino cada época, cada era de la humanidad tiene una misión que cumplir. Y ésta es para cada ser y cada época una cuestión de vida o muerte, en el sentido profundo de estas palabras.
Cada ser y cada época se encuentran siempre, en un momento dado, en la trágica situación de Edipo ante la Esfinge: adivina o te devoro.
Imposible hacer caso omiso de esto. Imposible siquiera el elegir la respuesta. La respuesta a un enigma no es una cosa que se pueda elegir. Nos la impone la naturaleza misma del enigma.
¿Dónde están actualmente para nosotros la salud, la salvación: la manera de alcanzar, de cumplir nuestro destino?
¿Quién de entre nosotros no está trabajado, agitado, perseguido por ese problema que, de una forma u otra, se debate en todas las conciencias?
Para mí lo único preciso, hasta la fecha, son los términos perentorios en que el problema se plantea en nuestra vida, en nuestra época: adivina o te devoro."[1]
VICTORIA OCAMPO (CONTESTACIÓN A UN EPÍLOGO DE ORTEGA Y GASSET)

El psiquiatra francés Clotaire Rapaille sostiene que el *código cultural* "es el significado inconsciente que le damos a cualquier objeto, ya sea este un automóvil, un tipo de comida, una relación, incluso un país, de acuerdo a la

[1] Ocampo, Victoria, "Contestación a un epílogo de Ortega y Gasset", revista *Sur*, año 1; Buenos Aires, otoño 1931, p. 52-53.

cultura en la que hemos sido educados. Es decir, así como cada ser humano tiene su propio ADN, también lo tiene cada cultura".

Según Rapaille, todo aquello que experimentamos en nuestras vidas se encuentra en "algún punto entre los extremos de un eje", y para aclararlo mejor, lo ejemplifica desde un esquema biológico afirmando que: "el mismo sistema que comunica el dolor al cerebro, también comunica placer..."

Para el psiquiatra francés cada cultura posee un esquema cultural propio que es una "extensión del esquema biológico". Es decir, el esquema biológico determinaría una necesidad y el esquema cultural lo expresaría dentro de los parámetros de una determinada cultura. Así, estas tensiones entre ambos ejes también se verifican en las distintas culturas. En cada una de ellas existen muchos pares de paradigmas que se oponen entre sí. La cultura estadounidense, por ejemplo oscila entre distintas tensiones. Un extremo sería la libertad y su opuesto la prohibición. Inclusive, aunque los ejes no varíen, sí lo hacen las inclinaciones hacia un extremo o el otro del mismo, de acuerdo a las épocas.

Para describirlo mejor, el autor recuerda que en los años veinte el eje libertad-prohibición se inclinaba más hacia la prohibición (los contrabandistas durante la Ley seca) y en los años sesenta y setenta hacia la dirección contraria, es decir hacia la libertad: "el mismo arquetipo puede tener una fuerza contraria en una cultura diferente".[2]

No es lo mismo lo que experimenta un norteamericano frente a la idea de libertad que un francés, como así tampoco frente a otros códigos como pueden ser, entre otros, el trabajo o el consumo de bienes de lujo.

Al respecto, los franceses sitúan en el lado opuesto de la libertad, el privilegio. Durante su historia este país ha fluctuado entre ambos extremos: una época donde la clase privilegiada era la que dominaba y períodos en los que ésta era desmontada y el país abolía privilegios y títulos.

Por otra parte, Rapaille realiza una comparación respecto del sentido que los norteamericanos y los franceses le dan al trabajo. Para los primeros, el

[2] Rapaille, Clotaire, *El Código cultural*, Ed. Norma, Bogotá, 2007, p. 92.

trabajo es pasión y preocupación, mientras que para aclarar su sentido en los segundos, el psiquiatra cita la obra *Rojo y Negro* de Stendhal: la vida sólo tenía importancia si uno servía al país como militar (el color rojo) o a Dios como sacerdote (el color negro). Todos los demás trabajos podían ser considerados vulgares y realizados por los campesinos. Aún permanece en cierta forma ese criterio, a tal punto que los desempleados en aquel país reciben proporcionalmente más dinero que los mismos empleados.

Muchos europeos no comprenden por qué los norteamericanos, a pesar de haber amasado fortunas, siguen trabajando. La explicación radicaría –según el mismo autor– en que el código para el trabajo consistiría en identificar lo que "cada uno es", casi con una intención metafísica; mientras que para los franceses, el trabajo encuentra su lugar después del placer y por tanto, aparece siempre rodeado de un halo de forzoso pesimismo.

En cuanto al código norteamericano, recordemos el fino análisis de Veblen cuando dice que con el avance cultural, las pertenencias vendrían a denotar, no ya la superioridad del grupo, sino la del individuo que las posee. Con el progreso de la industria, la acumulación de la riqueza pasa a conformar el pilar de la estima y de la buena reputación. Razón por la cual se hace fundamental "acumular, adquirir propiedad, con objeto de conservar el buen nombre personal".[3] Así, el dinero es el sustituto de los títulos de nobleza para mostrar quienes son aquellos que logran "las hazañas" (otro concepto central en el pensamiento del economista mencionado) y a través de ellas consiguen demostrar que tienen valor y peso en el mundo. Coincide con Rapaille, también en este punto, Veblen, al afirmar que la posesión de la riqueza, confiere honor y por lo tanto constituye una distinción valorativa (*individious distinction*).

Rapaille asegura que para los americanos el dinero es el instrumento por medio del cual miden su honor. Para los franceses, como para otras culturas europeas, en cambio, si uno gana suficiente dinero, se retira... Ocuparse de él parece un asunto desagradable y hablar de dinero significa abandonarse

[3] Veblen, T., op. cit., p. 35.

a la vulgaridad. Muy diferente sería la situación de los estadounidenses para quienes el dinero es casi –en palabras del psiquiatra francés– su religión.

Ortega y Gasset coincide en parte con la tesis de Rapaille al escribir que "... el dinero es el único poder social que al ser reconocido nos asquea...". Y luego aclara: "... Nadie, ni el más idealista, puede dudar de la importancia que el dinero tiene en la historia, pero tal vez pueda dudarse de que sea un poder primario y sustantivo. Tal vez el poder social no depende normalmente del dinero, sino, viceversa, se reparte según se halla repartido el poder social, y va el guerrero en la sociedad belicosa, pero va el sacerdote en la teocrática. El síntoma de un poder social auténtico es que crea jerarquías, que sea él quien destaca al individuo en el cuerpo público...".[4]

En relación con los hábitos de compra, el psiquiatra francés también realiza comparaciones entre los norteamericanos y los franceses. Para los primeros salir de compras sería "reconectarse con la vida", es decir, ejercitar una "actividad alegre y que eleva el espíritu, que es edificante más allá de las compras hechas o de los productos adquiridos. Ir de compras es una experiencia emocionante, gratificante y necesaria".[5]

Al respecto, y a propósito de la sentencia que reza que "el ir de compras es una necesidad", también encontramos una coincidencia con Ortega cuando dice que: "el bienestar y no el estar es la necesidad fundamental para el hombre, la necesidad de las necesidades. El hombre no tiene empeño alguno por estar en el mundo. En lo que tiene empeño es en estar bien. Sólo esto le parece necesario y todo lo demás es necesidad en la medida en que haga posible el bienestar. Por lo tanto, para el hombre sólo es necesario lo objetivamente superfluo".

Para los franceses, en cambio, salir de compras constituye una "experiencia de aprendizaje". A través de la acción de comprar –siempre siguiendo el pensamiento de Rapaille–, las madres enseñan a sus hijas "cómo opera su cultura", y

[4] Ortega y Gasset, José; "Los escaparates mandan", *El Sol*, 15 de mayo de 1927, en *La Rebelión de las Masas*, Obras Maestras del Pensamiento Contemporáneo, Ed. Planeta Agostini, Barcelona, 1984 [1930], p. 252.

[5] Rapaille, Clotaire, op. cit., p. 235.

lo ejemplifica a través de la manera cómo la madre le explica a su hija "por qué ciertos colores y texturas van juntos mientras que otros no. Una frase común en la experiencia francesa de compras es *ça ne se fait pas* que significa *eso no se hace*". "Las mujeres francesas –continúa el psiquiatra– aprenden las reglas de la vida yendo de compras con sus madres y abuelas, y van incorporando su cultura en el proceso. Ir de compras es la escuela de la cultura".[6]

Pues bien, también en los artículos de lujo, los códigos de cada cultura son diferentes. Mientras que los norteamericanos buscan el lujo en objetos funcionales como casas, automóviles, ropa de diseño, etc., para los europeos (especialmente los italianos) "se define el lujo por el valor artístico del artículo. Algo es lujoso si es altamente refinado, elegante y bien diseñado. El lujo es un producto creado por un artista. La casa de una persona rica en Italia está llena de objetos de arte estupendos seleccionados por su propietario o por sus ancestros. Un artículo de lujo puede ser un collar o una cartera maravillosamente diseñada. Un refrigerador no lo es".[7]

En este sentido, para los franceses, "el lujo es algo que ofrece el más alto nivel del placer, la mejor comida, la ropa más elegante, las más refinadas fragancias. La cultura francesa cree que uno está viviendo una vida de lujo si uno disfruta de cosas que otros (los campesinos, la clase trabajadora, los estadounidenses) no pueden disfrutar".[8] Por eso, el "tiempo libre" se erige como una categoría similar a la del placer que obtenemos disfrutándolo y que comparten idéntica lógica fundamental.

Esta afirmación explicaría la sorpresa de Ortega (europeo) frente al extraño deseo de las muchedumbres de acceder a lugares otrora ocupados sólo por una minoría. El código cultural europeo, en relación con el consumo de lujo, sumado a los avances de la técnica y a la nivelación de la vida social serían las causas de esa inclinación de las masas hacia lugares y objetos re-

[6] Ibídem; pp. 239-240.

[7] Ibídem; p. 243.

[8] Ibídem, pp. 243-244.

finados. También sus observaciones se aplicarían al comportamiento consumista de las muchedumbres norteamericanas que responden mejor al código funcional en la adquisición de bienes de lujo.

Unos y otros, si bien con diferentes códigos culturales y proyectados hacia diferentes objetos, servicios o estilos, responderían básicamente a la misma matriz comportamental.

Los norteamericanos –siempre según la mirada de Rapaille– a diferencia de los europeos, no tienen títulos de nobleza para mostrar qué lugar ocupan en la sociedad. En el proceso de diferenciación utilizan la fortuna que han logrado acumular a través del trabajo y del esfuerzo, pero este objetivo se logra por etapas. A cada escalón correspondería un galón: "Los galones militares son una forma de distinción, algo que se usa en las mangas del uniforme para que todos respeten a quien los lleva. Estos códigos están relacionados estrechamente, no sólo porque uno necesita dinero para comprar cosas de lujo sino porque cuando los estadounidenses logran la demostración del dinero, utilizan objetos de lujo para exhibirlo".[9] Así, habría una relación estrecha entre la cantidad de galones y los rangos. Los niveles de lujo vendrían a indicar los "galones" que uno obtiene a través de los propios logros. "*Donna Karan* diseña ropa de lujo pero *Dolce&Gabbana* y *Escada* son más exclusivos".[10]

Simbólicamente, los galones representarían el reconocimiento no sólo a causa del dinero que se tiene –según la visión de nuestro psiquiatra– sino porque están convencidos de que la gente buena tiene éxito y que él llega como un don otorgado por Dios en razón de una vida ejemplar.

Por ese motivo –el del servicio– también en esa cultura se le da tanta importancia a los uniformes. Se concibe como un logro el "ser servido" por alguien que luce un elegante esmoquin en un hotel cinco estrellas, como sucede de manera similar con el uniforme del portero que se encuentra en la entrada o del botones que lleva las valijas a los cuartos.

[9] Ibídem, p. 246.

[10] Ibídem, p. 246.

En la Argentina... ¿tenemos códigos culturales?

"... Es natural, ya que toda religión es un acto de fe. Así como la patria es un acto de fe. ¿Qué es, me he preguntado muchas veces, ser argentino? Ser argentino es sentir que somos argentinos."[11]

J. L. Borges

Una pregunta inevitable, que alguna vez expresó Borges en coincidencia con la que, casi a diario, se formulan muchos compatriotas es qué significa ser argentino, cómo podríamos definirnos. Qué le responderíamos a un extranjero en un encuentro casual, por ejemplo, en mitad de una bulliciosa calle de París o de Roma que nos preguntara: "¿cómo son los argentinos?". Creo que nos sorprendería con grandes dificultades a la hora de contestar esta simple pero, a la vez, compleja cuestión.

Quizás podríamos decir que el argentino es individualista, apasionado, le gusta la amistad aunque al mismo tiempo es egoísta, le encanta vanagloriarse de sus orígenes europeos pero también preferiría vivir como los americanos, y sumar otras perplejidades no menos sugestivas. Una confirmación de nuestra contradictoria manera de ver el mundo es la marcada influencia que tanto el cine como la televisión ejercen sobre el estilo consumista y la insaciable sed de dinero, muy típica de los americanos, pero cuya centralidad nos molesta, igual que a los europeos.

Si se le preguntara a un argentino cuántos son sus ingresos económicos, no sólo se sentiría muy incómodo sino que, además, pensaría que el que lo interroga es simplemente una persona ruda y maleducada. Recordemos aquí el aforismo orteguiano: "... el dinero es el único poder social que al ser reconocido nos asquea...".

En síntesis, esta sencilla pregunta sobre qué nos define a los argentinos, origina debates y discusiones que casi nunca llegan a una respuesta definitiva y unánime. ¿Y por qué hablar de Borges en un trabajo de moda y consumo?

[11] Borges, Jorge Luis, "El Budismo", en *Siete Noches*, Ed. Fondo de Cultura Económica, México, 1986, p. 78.

Porque como se mencionó anteriormente, la moda es un fenómeno social y cultural. Ya se ha hablado de los códigos culturales empleando para este fin las indagaciones y conclusiones del psiquiatra francés Rapaille respecto de los europeos y de los norteamericanos. Quedaría, pues, aplicar la lentícula sobre nuestra estructura espiritual para observar cuales serían los códigos culturales que nos definen y con ese propósito recurrimos a Borges quien nos acerca entre sus páginas la voz interrogante e incisiva que cuestiona la identidad argentina.

La pregunta que inicia este apartado, fue extraída de una conferencia dictada por Borges en al año 1977 en el Teatro Coliseo de Buenos Aires. Dicha cuestión ya venía persiguiendo al escritor desde mucho tiempo atrás pues la misma inquietud aflora en el año 1946 al escribir "Nuestro pobre individualismo".[12]

Allí confiesa que:

> "... El argentino, a diferencia de los americanos del Norte y de casi todos los europeos, no se identifica con el Estado. Ello puede atribuirse a la circunstancia de que, en este país, los gobiernos suelen ser pésimos o al hecho general de que el Estado es una inconcebible abstracción; (1) lo cierto es que el argentino es un individuo, no un ciudadano. Aforismos como el de Hegel "El Estado es la realidad de la idea moral" le parecen bromas siniestras. Los films elaborados en Hollywood repetidamente proponen a la admiración el caso de un hombre (generalmente, un periodista) que busca la amistad de un criminal para entregarlo después a la policía; el argentino, para quien la amistad es una pasión y la policía una mafia, siente que ese 'héroe' es un incomprensible canalla. Siente con don Quijote que 'allá se lo haya cada uno con su pecado' y que 'no es bien que los hombres honrados sean verdugos de los otros hombres, no yéndoles nada

[12] Borges, Jorge Luis, "Nuestro pobre individualismo", en *Otras Inquisiciones, Obras Completas*, Buenos Aires, Ed. Emecé, 1974, pp. 658-659.

en ello' (Quijote, I, XXII). Más de una vez, ante las vanas simetrías del estilo español, he sospechado que diferimos insalvablemente de España, esas dos líneas del Quijote han bastado para convencerme de error; son como el símbolo tranquilo y secreto de nuestra afinidad. Profundamente lo confirma una noche de la literatura argentina: esa desesperada noche en la que un sargento de la policía rural gritó que no iba a consentir el delito de que se matara a un valiente y se puso a pelear contra sus soldados, junto al desertor Martín Fierro..."

"(...) El mundo, para el europeo, es un cosmos en el que cada cual íntimamente corresponde a la función que ejerce; para el argentino, es un caos. El europeo y el americano del Norte juzgan que ha de ser bueno un libro que ha merecido un premio cualquiera, el argentino admite la posibilidad de que no sea malo, a pesar del premio. En general, el argentino descree de las circunstancias..."

"(...) Su héroe popular es el hombre solo que pelea con la partida, ya en acto (Fierro, Moreira, Hormiga Negra), ya en potencia o en el pasado (Segundo Sombra)..."

¿Y por qué sentimos que es tan complejo definirnos? Parte de la explicación –creemos– se debe a la enorme diversidad de la inmigración que el país ha recibido en diversas etapas de su historia y el resultado de este crisol de razas ha hecho que no se logre consustanciar un substrato cultural común.

El epistemólogo y matemático Jorge Bosch, ha sido uno de los autores que ha intentado responder a tan esquivo interrogante. Para él, además de la influencia española e italiana, marcaron una impronta fundamental en nuestra cultura otras pequeñas comunidades como la francesa, la alemana, la polaca y la inglesa:

"... Esto ha dado origen a una corrosiva ironía que circula en diversos países latinoamericanos: ¿Qué es ser argentino? Es un italiano que habla español, dice que lee en francés y se cree inglés". En una conferencia Latinoamericana los delegados argentinos fueron recibidos con estas amables palabras: 'Bienvenidos a Latinoamérica'. Son bromas, sí, pero no casuales. En los casos argentino y brasileño es particularmente evidente que la metáfora biológica sobre las gametas indígena e ibérica resulta anti-histórica: estos dos países han evolucionado de una manera que no era previsible en los momentos iniciales, debido a la irrupción posterior de fuertes corrientes inmigratorias. El ser nacional ha sufrido profundas mutaciones y se ha convertido en devenir..."[13]

De lo expuesto se sigue que sería arriesgado querer comprimir en unos cuantos códigos culturales la enorme variedad de comportamientos nacionales que se mezclan y se potencian o se anulan hasta hacer desaparecer cualquier clave para su comprensión. Una alternativa salvadora sería volver sobre las opiniones de Ortega y Gasset sobre los argentinos que encontramos en una nota publicada en la *Revista Atlántida* del año 1957 por la escritora Silvina Bullrich quien glosó fragmentos del ensayo del filósofo español que fueron publicados en *El Espectador VII* del año 1929:

"... El argentino actual es un hombre a la defensiva". "Cicerone de sí mismo, nos muestra su posición social como se muestra un monumento". "A este tipo de hombre le preocupa en forma en forma desproporcionada su figura o puesto social". "Lo excesivo de semejante preocupación sólo se comprende si admitimos dos hipótesis: 1°) que en la Argentina el puesto o función social del individuo se halla siempre en peligro por el apetito de otro hacia él, y la audacia con que intentan arrebatarlo; 2°) que el individuo mismo no siente su conciencia tranquila respecto a la plenitud

[13] Bosch, Jorge; *Cultura y contracultura*, Ed. Emecé, Buenos Aires, 1992, pp.147-148.

de títulos con que ocupa aquél puesto o rango". "En la Argentina es muy frecuente que la persona atraviese los más heterogéneos avatares, que sea una cosa hoy y mañana otra". "El argentino tiende a resbalar sobre toda ocupación o destino concreto; no se da a él plenitud, se queda en reserva tras él, no se confunde con él. Tampoco es su persona lo que más le interesa; lo que le preocupa es la idea que él tiene de su persona". "El día que tal minoría enseñe a este hombre a aceptar hondamente su individual destino, a existir formalmente y no en gesticulación y representación de un papel imaginario, la Argentina ascenderá de manera automática en la jerarquía de las más altas calidades históricas..."[14]

En la misma nota periodística, su autora se pregunta si "nuestra tan zarandeada tristeza ¿no será el resultado inevitable de la audacia, la improvisación y la actitud defensiva? Bajo nuestro aspecto pulcro y civilizado, ¿no nos parecemos mucho a esos *cowboys* de las películas americanas que convertían al mundo en una selva donde sólo rige la ley del más fuerte?"

Conmovedor es el final del mencionado artículo cuando Bullrich concluye con una reflexión personal: "... Nosotros, los argentinos de hoy, no soportamos que nos hablen de nada salvo de nosotros mismos; ningún tema nos interesa si no desemboca de una u otra manera en nuestra realidad inmediata, económica, política, social o individual. Pues bien; puesto que sólo lo que tiene una relación directa con nosotros nos importa algo, saquemos siquiera algún provecho de nuestro terco narcisismo: tomemos la vieja fórmula: 'conócete a ti mismo', y puede ser que dejando a un lado nuestros solemnes uniformes volvamos a convertirnos en seres humanos sonrientes y vulnerables."

Rapaille, seguramente, se referiría a los argentinos como seres mixtos, fronterizos, pues somos un poco como los norteamericanos –ya que buscamos el

[14] Bullrich, Silvina, "José Ortega y Gasset, y El Hombre a la Defensiva", *Revista Atlántida*, Ed. Atlántida, Buenos Aires, octubre de 1957, p. 42.

lujo en objetos funcionales como casas, automóviles y ropa de diseño–, y por otro lado, nos parecemos a los europeos, en el hecho de que tomamos al lujo "como aquello que nos ofrece el más alto nivel del placer la mejor comida, la ropa más elegante, las más refinadas fragancias".[15] La influencia de los estereotipos televisivos, del cine y de los medios de comunicación en general –sin olvidar las imágenes que ahora nos proveen Internet, las redes sociales, las revistas de moda y la publicidad gráfica en la vía pública– nos acerca a los usos norteamericanos.[16] Por eso, quizás, "salir de compras" nos reconecta con la vida, es decir, nos proporciona la vivencia de una "actividad alegre y que eleva el espíritu, que es edificante más allá de las compras hechas o de los productos adquiridos. Ir de compras es una experiencia emocionante, gratificante y necesaria".[17]

En el estilo de vida argentino tiene mucha importancia "acumular, adquirir propiedad, con objeto de conservar el buen nombre personal" (Veblen),[18] y, ya que se trata de una persona fundamentalmente individualista y hedonista se aplicaría la tesis del economista norteamericano cuando afirma que el mensaje a transmitir para conseguir una buena reputación, sería el de usar vestimentas costosas y atractivas a simple vista. Obviamente, de su aspecto debe desprenderse que son el producto de un gasto lo más oneroso posible y, por supuesto, tienen que estar a la última moda. Un vestido de bajo costo se asocia inmediatamente con la baja calidad y esto se transfiere a la persona que lo utiliza enviando un mensaje negativo sobre su personalidad.

Este mecanismo se ve incluso en las clases populares, donde la importancia de la compra de zapatillas de marcas muy costosas y con el logotipo

[15] Rapaille, Clotaire, op. cit., p. 242.

[16] Para defender esta idea recuerdo las palabras de José Luis de Imaz en una entrevista que le hiciera para un trabajo de investigación anterior: "... para la sociedad hoy los que mandan son los estereotipos televisivos..."

[17] Rapaille, Clotaire, op. cit., p. 235.

[18] Veblen, T., op. cit., p. 34.

identificatorio a la vista denotan el prestigio que se obtiene por ostentar el costo del calzado.

Reiteramos las palabras de Veblen: "... con la excepción del instinto de conservación, la propensión emulativa es probablemente el más fuerte, persistente y alerta de los motivos económicos propiamente dichos...".[19]

Una cultura de la imitación, escindida entre la emulación y la envidia, proyecta una imagen argentina sin rasgos propios, indigente de un proyecto colectivo capaz de expresar.

[19] Ibídem, p. 116.

Etapa crematística, tiempos de crisis

Como se pudo demostrar en un trabajo anterior,[20] actualmente, se está viviendo un período de transición: la sociedad industrial da señales de decadencia frente a una sociedad del conocimiento que se encuentra en estado naciente. En otras palabras, se asiste a una etapa en donde ambas coexisten. Este movimiento contradictorio se manifiesta en el mundo de la moda bajo dos aspectos fundamentales: por un lado, en la tendencia hacia la autonomía del vestuario, y por el otro, en la utilización de un mix de texturas, color y diseños. Tampoco resulta difícil observar que mientras se verifica una obediencia ciega a los mandatos de la sociedad de consumo, al mismo tiempo se observa un marcado individualismo donde lo privado prevalece sobre lo social. Como bien decía Ortega y Gasset: "Es un error desdeñar los caprichos de la moda; si se los analiza servirán como datos de la más fina calidad para insinuarnos en lo recóndito de una época".[21]

Si antes se hizo referencia a los códigos culturales y cómo influyen en el consumo, fue para anotar que los códigos de este nuevo período –más allá de aquellos propios de cada cultura– se corresponden con los valores de una sociedad individualista y hedonista que busca prioritariamente el placer.[22]

Ahora bien, el consumo de la moda y la ostentación que implica no pueden ser abordados sin una referencia al dinero, cuya vigencia social en un momento histórico Ortega calificó como "épocas del imperio crematístico". Toda época de crisis tendría ese tono vital pues en un período así definido ni "la moral ni la religión dominan la vida social ni el corazón de la muchedumbre" y, por tanto, la cultura intelectual y artística es valorada menos que antes. También

[20] Cfr. Veneziani, Marcia, *La imagen de la moda*, Ed. Nobuko, Buenos Aires, 2007.

[21] Ortega y Gasset, "La Moda subterránea", en *Obras Completas*, Vol. II, Madrid, 2005 [1924], Taurus, Fundación Ortega y Gasset, pp. 284-285.

[22] Lipovetsky, Gilles, *La era del vacío: Ensayos sobre el individualismo contemporáneo*, Barcelona, Anagrama, 1996, p. 68.

se desvanecen los motivos de jerarquización del ser humano, impulso esencial de la socialización, y todo se torna menos seguro y más angustiante.

De ahí la actualidad con que se presentan las palabras que en los años veinte el filósofo español anunciara en su *Rebelión de las Masas*: "... vivimos en un tiempo que se siente fabulosamente capaz para realizar, pero no sabe qué realizar. Domina todas las cosas pero no es dueño de sí mismo. Se siente perdido en su propia abundancia. Con más medios, más saber, más técnicas que nunca, resulta que el mundo actual va como el más desdichado que haya habido: puramente a la deriva...".[23]

Al decir de Ortega, hay épocas de juventud y de ancianidad, de feminidad y masculinidad, y, asimismo, de señorío del dinero sobre otros poderes organizadores de la sociedad como son la religión, la política y las ideas. Si bien la importancia del dinero ha sido innegable en todas las épocas, el filósofo español insiste en poner en duda su "poder primario y sustantivo".[24]

Sin embargo, cuando se refiere a las épocas donde el dinero es el que detenta el poder social, Ortega sostiene que éste será mayor cuantas más cosas haya que comprar, y no cuanto mayor sea la cantidad del dinero en sí.

¿No se vive acaso en un período en que la cantidad de objetos que se producen es innumerable? ¿No se asiste acaso a una etapa donde urge comprar y adquirir el último modelo de automóvil, vestimenta, televisor, computadora, celular o el objeto que fuera pero que esté a la última moda?

Es indudable que el fenómeno del consumo fue cambiando y que desde la revolución industrial, ya no se trata sólo de satisfacer las necesidades básicas, sino más bien, de "criar" (en palabras de Bonn) consumidores. Para ello fue necesario descubrir cuáles son esas necesidades en orden a responder al mercado y así satisfacer la demanda. En la etapa actual es necesario "crear necesidades" en los potenciales consumidores para luego satisfacer

[23] Op. cit., p. 70.

[24] Ortega y Gasset, "Los Escaparates Mandan", *El Sol*, 15 de mayo de 1927, en *La Rebelión de las Masas*, edición de Thomas Mermall, Ed. Castaldia, Madrid, 1998 [1930], p. 342.

los "deseos" y "anhelos" que resultan de ellas. Los estudios de marketing y de psicología, a los que se suman los informes de los "cazadores de tendencias", son los instrumentos de los que se vale la industria para mantener en movimiento la rueda del consumo.

La "marca", y ya no sólo el objeto en sí, es la que viene a satisfacer estas necesidades superfluas valiéndose para ello de los símbolos cuyo lenguaje asegura al consumidor sus necesidades de pertenencia y al mismo tiempo de diferenciación (Simmel).

También los exponentes de la Escuela de Frankfurt, Horkheimer y Adorno (muchos años después de Bonn) advirtieron su época como una etapa de crisis marcada por la transición de la modernidad a la posmodernidad y así lo manifiestan en "La dialéctica de la ilustración", al referirse a las industrias culturales. Para ellos, inicialmente, los modelos surgieron con la finalidad de lograr la consolidación del entrelazamiento entre la "manipulación" de los consumidores y las "necesidades" de los mismos. ¿Y de dónde proviene esta manipulación? Según los representantes de Frankfurt surgiría de la dependencia de los medios de comunicación de las grandes empresas productivas de consumo masivo y de la necesidad de estas últimas de imponer a través de los medios de comunicación los estándares y productos a consumir.

Horkheimer y Adorno describieron a la industria cultural con una mirada crítica no porque ésta reflejase "lo popular" sino porque reconocieron que los modelos no nacen del pueblo, sino más bien de intereses de los poderes económicos que están por encima y que producirían la temida homogeneización de la cultura lograda mediante la tipificación de sus gustos a partir de los estilos de entretenimiento y sus canales de consumo. En sus palabras:

> "... El mundo entero es conducido a través del filtro de la industria cultural. La vieja experiencia del espectador de cine, que percibe el exterior, la calle, como continuación del espectáculo que acaba de dejar, porque este último quiere precisamente reproducir fielmente el mundo perceptivo de la vida cotidiana, se ha convertido en el hilo conductor de la producción. Cuanto

más completa e integralmente las técnicas cinematográficas dupliquen los objetos empíricos, tanto más fácil se logra hoy la ilusión de creer que el mundo exterior es la simple prolongación del que se conoce en el cine".[25]

En síntesis, Adorno y Horkheimer, cuando plantearon el tema de las industrias culturales, se refirieron al proceso de industrialización-mercantilización de la existencia social –para llegar al estudio de la masa como consecuencia de los procesos de legitimación y lugar de la manifestación de la cultura en que la lógica de la mercancía se realiza,[26] es decir, la introducción de la mecanización del trabajo, propio de la producción industrial *tayloriana*, en la cultura y su unidad indisoluble con la producción de necesidades.

Ambos filósofos hablan de la reciprocidad entre ocio y trabajo, necesario el primero para poder tolerar este mecanismo que definen como brutal en el segundo. El ejemplo del cine como dispositivo para disminuir la actividad del espectador, es para los autores alemanes un ejemplo de la dominación por parte del sistema capitalista. El arte se incorporaría entonces al mercado como una mercancía cultural y, por lo tanto, accesible a todos e introducido en la vida cotidiana como un objeto más.

A partir de aquí, nuestros autores van más allá y llegan a calificar a la cultura como "mercancía paradójica", ya que al mismo tiempo depende de la ley de cambio que no se altera y de consumirse ciegamente en un uso hasta que se agota. Así, la publicidad se vuelve cada vez más poderosa bajo el dominio del monopolio y doblega a la cultura de masas a una uniformidad análoga. Los motivos, por ende, para Adorno y Horkheimer serían meramente económicos.[27]

[25] Horkheimer, M.; Adorno, T.; *Dialéctica de la Ilustración, Fragmentos Filosóficos*; 3° edición, Ed. Simancas, Valladolid, 1994, p. 171.

[26] Martín Barbero, Jesús, *De los medios a las mediaciones*, Ed. G. Gili, Barcelona, 1987, p. 48.

[27] Horkheimer, Max y Adorno, Theodor, *Dialéctica del Iluminismo*, Ed. Sur, Buenos Aires, 1971, en Muñoz, Blanca, *Cultura y Comunicación*, Ed. Barcanova, Barcelona, 1989, p. 112.

Para Stuart Hall, los medios de comunicación son los principales canales para la producción y distribución de la cultura y a los cuales considera verdaderos "aparatos ideológicos". Es decir, que la primera y principal función de los medios de comunicación modernos sería la de construir una imagen de las vidas, usos y costumbres de las clases sociales a través de imágenes, representaciones o ideas que percibimos como un arquetipo universal a imitar.

Con gran actualidad asoman las palabras de Walter Benjamin en *La obra de arte en la época de su reproductibilidad técnica* donde leemos: "... a la atrofia del aura el cine responde con una construcción artificial de la 'personality' fuera de los estudios; el culto a las 'estrellas', fomentado por el capital cinematográfico, conserva aquella magia de la personalidad, pero reducida, desde hace ya tiempo, a la magia averiada de su carácter de mercancía...".[28]

El mensaje, ya no requiere el uso excesivo de palabras. En un mundo atestado de ruido y donde buena parte del planeta se ensordece con la música que escucha con ayuda de los modernos *I-pods*, no resulta extraño que cada uno se "enfrasque" en el propio universo seducido por las imágenes y los mensajes que se transmiten a través de ellas. Casi no existen las palabras en los anuncios publicitarios de moda. Basta con una fotografía y la marca para que transmita aquello que se desea tener o mejor dicho "ser". El ser y el tener se confunden en un entramado donde ni el mismo consumidor aturdido puede distinguir la diferencia.

¿Cómo no comprender a Ortega cuando atónito se asombraba en los años veinte de ese nuevo mundo que ya predecía como individualista, hedonista y privado de valores y de interés por encontrar el verdadero sentido de la vida?

> "Vaya esto tan sólo para contrarrestar nuestra ingenua tendencia a creer que la sobra de medios favorece la vida. Todo lo contrario. Un mundo sobrado de posibilidades produce, automáticamente graves deformaciones y

[28] Benjamin, Walter, *La Obra de Arte en la época de su reproductibilidad técnica*, traducción de Jesús Aguirre, Taurus, 1973 [1936], p. 9.

viciosos tipos de existencia humana, los que se pueden reunir en la clase general 'hombre heredero', de que el 'aristócrata' no es sino un caso particular, y otro el 'niño mimado', y otro mucho más amplio y radical, el hombre-masa de nuestro tiempo. (Por otra parte, cabría aprovechar más detalladamente la anterior alusión al 'aristócrata', mostrando como muchos de los rasgos característicos de este, en todos los pueblos y tiempos, se dan, de manera germinal, en el hombre-masa. Por ejemplo: la propensión a hacer ocupación central de la vida los juegos y los deportes; el cultivo de su cuerpo; régimen higiénico y atención a la belleza del traje; falta de romanticismo en la relación con la mujer; divertirse con el intelectual, pero, en el fondo, no estimarlo y mandar que los lacayos o los esbirros le azoten; preferir la vida bajo la autoridad absoluta a un régimen de discusión, etc., etc.)."[29]

[29] Ortega y Gasset, José, *La Rebelión de las Masas*, Obras Maestras del Pensamiento Contemporáneo, Ed. Planeta Agostini, Barcelona, 1984 [1930], p. 116-117.

5.

El caso de los perfumes

De cómo lo tangible se vuelve intangible

"... La mano que había tocado el frasco olía con gran delicadeza y cuando se la llevó a la nariz y olfateó, se sintió melancólico, dejó de andar y olió. Nadie sabe lo bueno que es realmente este perfume, pensó. Nadie sabe lo bien *hecho* que está. Los demás sólo están a la merced de sus efectos, pero ni siquiera saben que es un perfume lo que influye sobre ellos y los hechizo. El único que conocerá siempre su verdadera belleza soy yo, porque lo he hecho yo mismo. Y también soy el único a quien no puede hechizar. Soy el único para quien el perfume carece de sentido..."

PATRICK SÜSKIND, *El Perfume: Historia de un asesino.*

Desde tiempos inmemorables el perfume fue usado por las distintas civilizaciones para agradar a sus dioses y como medio de comunicación con ellos. Esto lo podemos observar desde los egipcios hasta nuestros días: tanto en las religiones politeístas como también en las monoteístas.

Los egipcios, por ejemplo, utilizaban perfumes, aceites e inciensos para ayudar al difunto a elevarse a los cielos.

También eran utilizados en la Antigua Grecia para combatir las enfermedades, Como nos recuerda Busslinger, Hipócrates combatía la peste de Atenas con fumigaciones odoríferas y también se prescribían perfumes para adquirir fuerza y belleza. Ellos atribuían a los perfumes una "utilidad mística: los olores repelentes y los aromas expresan la auténtica esencia de seres y cosas. Los dioses al igual que los mortales, rodeaban sus amores de perfumadas seducciones. Partiendo el perfume de su vocación religiosa, y luego médica, acabó siendo un arma erótica y sensual. Los aromas formaron parte de todos los ritos de seducción…".[1]

Más tarde, los hebreos, que habían sido esclavizados por los egipcios, aprendieron de éstos y "…llevaron consigo el secreto de todas las artes que habían visto cultivar a los egipcios y se guardaban bien de no olvidar sobre todo una de ellas, a cuya naturaleza sensual otorgaban sus preferencias: el arte del perfumista, como lo llama la Biblia…".[2]

Así, el Antiguo Testamento está repleto de citas sobre la utilización de perfumes y aromas para agradar a Dios. En el libro del *Génesis*, se lee:

> "… Luego Noé levantó un altar al Señor, y tomando animales puros y pájaros puros de todas clases, ofreció holocaustos sobre el altar". "… Cuando el Señor aspiró el aroma agradable, se dijo a sí mismo: 'Nunca más volveré a maldecir el suelo por causa del hombre, porque los designios del corazón humano son malos desde su juventud; ni tampoco volveré a castigar a todos los seres vivientes, como acabo de hacerlo'".[3]

En las creencias populares los olores suaves protegerían contra las influencias del mal. Tanto es así, que durante la peste negra en el siglo XIV se usaban máscaras simulando el pico de un pájaro con pétalos de flores, hierbas y pequeños braseros con incienso para protegerse contra los olores demoníacos del enfermo.[4]

[1] Busslinger, Nicole, *Armonía de fragancias: el maravilloso mundo del perfume*, Tusquets Editores, Barcelona, 1983, p. 30.

[2] Ibídem, p. 23.

[3] *Biblia de Jerusalén*, Desclèe de Brouwer, Bilbao, 1975, *Génesis* 8, 20-21.

[4] Stoddart, Michael, "Cultura y natura del olor humano", Departamento de Zoología, Universidad de Tasmania, 2006, *Contactos*, 59, 10-17, disponible en: <http://www.izt.uam.mx/contactos/n59ne/olor1.pdf>.

En Europa central, la víspera del 1° de Mayo era la noche para ahuyentar los poderes del mal. En la región del Tirol, como recuerda Frazer,[5] este ritual se denominaba "quemar las brujas". La gente se preparaba por varios días y al llegar esa jornada comenzaba la ceremonia en busca de la absolución de los pecados en la Iglesia. Los tres últimos días del mes anterior, aseaban sus hogares fumigándolos con "bayas de enebro y ruda", y preparaban antorchas para quemar el incienso (preparado con astillas de abeto moteado de rojo y negro, tártagos, romero y ramitas de endrino) que llevaban las mujeres al iniciar el rito. La ceremonia se iniciaba cuando repiqueteaba la campana del Ángelus del día 1° de Mayo.

Cuenta el estudioso inglés que todo sonaba a la vez: campanas, calderos, cacerolas, ladridos de perro, todo hacía ruido al grito de "¡Huye bruja, huye de aquí o te irá mal!"

Otra "época embrujada", como gustaba llamar el autor, era entre Navidad y la fiesta de la Epifanía. La gente quemaba resino de pino con el mismo objetivo de alejar a las brujas de las casas por medio del humo.

Según el estudio de Stoddart,[6] el hecho de que el aroma dulce aleje los malos espíritus está muy arraigado en la psique humana hasta nuestros días, lo que explicaría la razón por la que nos atraen los productos de limpieza que dejan aromatizado el ambiente con olores específicos.

En la obra *Blanquerna* de Raimundo Lulio, nacido en Mallorca y escrita –según los historiadores–[7] aproximadamente entre 1283 y 1285 en la ciudad de Montpellier, se describen las instrucciones de la abadesa a las religiosas

[5] Frazer, James George, *La Rama Dorada Magia y Religión*, Fondo de Cultura Económica, México, 1943, p. 609.

[6] Stoddart, Michael, op. cit.

[7] Raspi, Eduardo Marcos, "El buen uso de los sentidos en una comunidad conventual femenina - Montpellier, 1283-1285", *Revista Escuela de Historia*, año 5, Vol. 1, N° 5, Consejo de Investigaciones de la Universidad Nacional de Salta, Salta, 2006 (material s/numerar). Disponible en: <http://www.unsa.edu.ar/histocat/revista/revista0509.htm>.

entre las cuales se hace hincapié en el buen uso de los órganos que conforman los sentidos para evitar el pecado.

Al referirse al olfato, la religiosa les advierte respecto de los perfumes diciendo:

"... también, el aroma de los perfumes y coloretes utilizados en la cosmetología femenina es considerado un artificio más entre los diversos fraudes de los que se valen algunas mujeres para conquistar a los hombres. De este modo, contribuyen a simular una apariencia ficticia que oculta su verdadera imagen y personalidad."

Y más adelante sigue:

"... pero aún más debe esquivarse el frecuentar la mujer que pone en su cara afeite y colores, y en sus vestidos olores y perfumes, pues todo esto da señal de que tienen malos deseos...".[8]

El perfume y la conducta sexual

Volviendo al Antiguo Testamento nuevamente, vale recordar a Judith, quien para liberar a su pueblo de su opresor Holofernes lo sedujo primero para después cortarle la cabeza. Dice la Biblia: "...se baño toda, se ungió con perfumes exquisitos, se compuso la cabellera poniéndose una cinta, y se vistió los vestidos que vestía cuando era feliz, en vida de su marido Manasés...".[9] Y luego "... El corazón de Holofernes quedó arrebatado por ella, su alma quedó turbada y experimentó un violento deseo de unirse a ella, pues desde el día que la vio andaba buscando ocasión para seducirla...".[10]

Según un estudio del papel de las feromonas en la conducta sexual realizado en el Departamento de Fisiología de la Facultad de Medicina de la

[8] Ibídem.

[9] Op. cit., *Judit* 10, 2-3.

[10] Ibídem, 12, 16-17.

UNAM, "el papel funcional de las feromonas en la conducta sexual en humanos ha sido objeto de controversia en los últimos años". Pero, ¿qué son las feromonas? Siguiendo con el mencionado estudio, "... son sustancias químicas que utilizan los animales para comunicarse entre sí, produciendo en el sujeto receptor conductas estereotipadas".[11]

Si bien se han encontrado feromonas en los seres humanos, éste y otros estudios como el de la Universidad de Bremen, Alemania, también indican que en los seres humanos el mecanismo es más complejo, ya que intervienen procesos de socialización,[12] es decir, intervienen factores culturales.

Según este último estudio, cuando se percibe una fragancia el estado de ánimo se ve perturbado y, por lo tanto, se forma en nuestra mente "un juicio intuitivo". Como afirma la investigadora "... nos gusta o no nos gusta, nos es indiferente o reaccionamos vehementemente con deleite o rechazo...", y sigue más adelante enfatizando que "... como parece que el amor y la fragancia están unidos entre sí, no es extraño que el olor en el lenguaje y en el significado de las palabras tenga mucho que ver con el amor...".

Se emplea el olfato, entonces, para conocer al otro.

Es aceptada la afición de los romanos por la belleza y por los perfumes, tanto que en la llamada "ciudad eterna" proliferaban las perfumerías. Se utilizaban los aromas de las rosas y narcisos, entre otros, que muchas veces cumplían fines medicinales.

Si se atiende a la biología se puede observar que los mamíferos, en su mayoría se comunican a través de los olores, lo cual es fundamental para su reproducción y reconocimiento, y resulta paradójico –como afirma Michael Stoddart en su estudio "Cultura y natura del olor humano" del Departamento de Zoología de la Universidad de Tasmania–[13] que los humanos busquen ocultar sus olores naturales y que desconfíen de ellos.

[11] Guevara Guzmán, Rosalinda, *¿Cuál es el papel de las feromonas en la consucta sexual humana?* Ed. Rev. Fac. de Medicina UNAM, vol. 47, n° 1, enero-febrero, México, 2004, p. 16.

[12] Ebberfeld, Ingelore, "Botenstoffe er Liebe - Über das innige Verhältnis von Geruch und Sexualität", Frankfurt/M, Campus, 1998 (material s/numerar). Disponible en: ver bibliografía.

[13] Stoddart, Michael, op. cit.

El sentido invisible: la marca de la distinción

En sus observaciones, Stoddart, afirma que en nuestro mundo occidental la gente vive en un universo aromatizado –muchos productos han sido perfumados por el fabricante adrede–, aunque la mayoría de la población desconoce cuánto usa el sentido del olfato. En sus palabras: "... el sentido del olfato es el menos intelectual de nuestros sentidos... Confiamos en la información que recibimos por la vista y el oído porque es procesada en los hemisferios cerebrales, pero los olores rodean la parte racional del cerebro y llegan directamente a su zona más primitiva para estimular las emociones...".[14]

No es el propósito de este ensayo detenerse en un análisis científico de las sensaciones olfativas, sino más bien reflexionar y realizar observaciones respecto del proceso de comunicación que involucra a los aromas y a los perfumes. En otras palabras, de cómo lo tangible se vuelve intangible.

Muchos pueden aseverar que el olor es tangible, pero al evocar emociones (las cuales son invisibles), se convierten en intangibles, pues las imágenes que vienen a nuestra mente cuando olemos una fragancia son recuerdos que alimentan nuestra imaginación. Por esa razón es que la publicidad de perfumes evoca siempre las tendencias más primitivas del ser humano: la atracción sexual, el deseo de la libertad, la armonía con la naturaleza, la calma y la paz, y también la búsqueda de la aprobación social que construye la sensación de seguridad.

Los perfumes, al igual que la vestimenta, cumplen funciones de protección, de adorno, de atracción sexual y de comunicación, y no es casual que las grandes casas de moda –expertas en satisfacer aquellas funciones– incluyan en su oferta a los perfumes. Un perfume bien diseñado es siempre un sello distintivo de glamour y de sofisticación.

Y es en las últimas décadas cuando el mercado de los perfumes ha crecido a un ritmo exponencial. En una época donde la imagen lo es todo, el perfume pasaría a ser el ícono de lo intangible. La pura emotividad que es el perfume

[14] Ibídem.

se expresa a través de la imagen olfativa. También ella, pura intangibilidad. El perfume costoso, evocador de deseos y anhelos es la prueba manifiesta del narcisismo y el hedonismo que caracterizan nuestros tiempos posmodernos.

Como expresa Dogana,[15] el estímulo del olfato está estrechamente ligado al contexto inicial en que un aroma se percibió, de modo tal que cuando olemos una fragancia nos trae consigo la situación completa en la que originalmente la vivenciamos. Ya sean estas vivencias positivas o negativas, parecieran estar ligadas directamente con las emociones: de alegría, de felicidad, de miedo, de amenaza o de confianza. Es decir, continuando con las aseveraciones del psicólogo italiano, el olor parecería ser un fenómeno asociativo y el hecho de que agraden o produzcan rechazo ciertos aromas, dependería sobre todo del nexo que establecen con alguna experiencia de la propia vida. De este modo estarían relacionados directamente con los conocimientos adquiridos en la cultura en la que se está inserto, en sus valores y en su educación.

También, en el caso de los perfumes se habla de moda, ya que al igual que la vestimenta es susceptible de cambios de acuerdo con la época, la cultura, la ideología, etc. En las décadas de '60 y '70 por ejemplo, estaban de moda entre otros, los aromas "orientales" como el sándalo, el patchouli y la vainilla. Éstos eran considerados afrodisíacos y reductores de la inhibición, pero también favorecedores de la meditación y la relajación, entre otros atributos.

Al igual que la incorporación del yoga y la vestimenta oriental durante ese período, la juventud de entonces le "decía" a las generaciones mayores con su aroma: "hagamos el amor y no la guerra". Y esto no fue casual pues podría considerarse una reacción a la guerra de Vietnam, a la ruptura de normas y convenciones hasta ese momento "infranqueables". Se trataba de aromas relacionados con "los años rebeldes".

Así, por su gran poder comunicativo y evocador, el perfume puede producir reacciones opuestas si se lo presenta hoy a una persona que haya vivido esos tiempos como "hermosos recuerdos de una juventud idealista" o a otra

[15] Dogana, Fernando, *Psicopatología del consumo cotidiano*, Ed. Gedisa, Barcelona, 1984, p. 133.

Figura 24. Fotografía de *Perfumes Diesel* tomada en la vía pública por la autora de este trabajo de investigación en la ciudad de Milán, Italia, en el mes de enero de 2009.

que haya "sufrido" esa etapa como difícil y caótica. Ello delata el gran poder simbólico del aroma.

Al respecto, Dogana menciona algunos aspectos simbólicos inherentes al perfume: la "personalización olfativa" y la "seducción y auto-gratificación". Respecto del primero, ya se ha hecho una breve referencia cuando se mencionó que la moda incluye también a los perfumes. El italiano afirma que el hecho de la utilización en los años ochenta de perfumes menos llamativos y que favorecen una mayor flexibilización en el uso de los mismos confirma la reestructuración en los roles masculinos y femeninos. Una variedad de "perfumes unisex" y la oferta de una enorme gama de esencias menos agresivas que en los llamados "años rebeldes". En relación al segundo aspecto, Dogana lo explica por la "necesidad narcisista" y de atracción sexual. Aquí, el autor lo asocia directamente con las mismas gratificaciones que nos puede brindar la vestimenta, especialmente la ropa interior.[16]

El perfume, por lo tanto, cumpliría la función de elevar la imagen de la persona en el sentido de aumentar su autoestima, así como establecer formas de defensa y protección. Una especie de función mágica similar a la que algunos atribuyen a la vestimenta.

[16] Se sabe, por estudios realizados, que la ropa interior está directamente relacionada con la autoestima. (Por tal motivo hablamos de narcisismo y autogratificación). Vale recordar la famosa frase de Marilyn Monroe cuando dijo: "... yo duermo desnuda y con dos gotas de Chanel N° 5...".

6.

Hacia una metafísica de la moda

La moda en el siglo XXI

En nuestras sociedades posmodernas, el consumo conspicuo u ostentoso se puede verificar en la imitación de estereotipos vinculados al "exitismo" y a la posesión, ya sea de objetos determinados como así también de "situaciones" o "estilos de vida" y de un sentido de la estética que actualmente se denomina con el término "cool".

En un recorrido por las calles más transitadas de Roma, no hace mucho tiempo, se podía observar la utilización de la foto de una "celebrity cool" (*Madonna* en este caso) como referente a imitar en la vidriera de un afamado negocio de calzado femenino.

Esta oferta de lo "cool" es lo que los medios reflejan como patrones de vida, ya sea a través de la televisión como de la publicidad gráfica en vía pública o de los contenidos de las revistas de actualidad.

Y es en este paisaje de estéticas culturales que los medios funcionan, o bien como portadores de mensajes con promesas de adelgazamiento inmediato, riquezas fáciles y felicidad "al portador", o bien como medio de

Figura 25. Fotografía de una vidriera de una tienda de venta de calzados tomada en la vía pública por la autora de este trabajo de Investigación en la ciudad de Roma, Italia, en el mes de enero de 2009.

construcción del deseo desarrollando paradigmas de gusto y consumo ostensible, es decir, no necesario para la existencia y por lo tanto, superfluo y generador de envidias y admiración por parte de los demás.

Adorno aportaba una explicación para este fenómeno: "... más opaca y compleja se vuelve la vida moderna y más se siente tentada la gente a aferrarse desesperadamente a clisés que parecen poner algún orden en lo que de otro modo resulta incomprensible..."[1]

Los medios gráficos se han transformado en vehículos necesarios en la construcción de esa "supuesta" superioridad estética.

Prueba de ello es que los periódicos de información nacional dedican su revista del domingo casi enteramente al diseño y a la moda de marcas exclusivas y de lujo, con avisos publicitarios en mayor número que evocan el "glamour europeo" y la vida de las *celebrities* en Latinoamérica. Un importante despliegue, por ejemplo, dedicado a los romances entre futbolistas y modelos ambientado en escenografías "fashion" ¿no está acaso orientando

[1] Adorno, Theodor, *Televisión y Cultura de Masas*, Ed. Lunaria, Buenos Aires, 2002, p. 24.

hacia el consumo ostensible y evocando el viejo sueño de "cenicienta" en su versión moderna? Este mecanismo de la transferencia, favorecido por los medios masivos, ¿no aviva, por una parte, el deseo y por la otra, produce el abandono de cualquier demanda por la autoestima o el reconocimiento? Como afirmaban Horkheimer y Adorno:

> "... La pequeña estrella debe simbolizar a la empleada, pero de tal forma que para ella, a diferencia de la verdadera empleada, el abrigo de noche parezca hecho a medida. De ese modo, la estrella no sólo encarna para la espectadora la posibilidad de que también ella pueda aparecer un día en la pantalla, sino también, y con mayor nitidez, la distancia que las separa. Sólo a una le puede tocar la suerte, sólo uno es famoso, y, pese a que todos tienen matemáticamente la misma probabilidad, ésta es para cada uno tan mínima que hará bien en cancelarla enseguida y alegrarse en la suerte del otro, que bien podría ser él mismo, y, que con todo, nunca lo es...".[2]

La aspiración de tantos jóvenes –y otros no tanto– hacia una vida despreocupada, exitosa, lujosa y provocadora de envidias y admiración por parte de un "público" que acepta y coincide con ellos en la necesidad del "tener" como una justificación del propio "ser" ¿no presenta acaso un escenario de increíble actualidad para aquella "buena fama" a la que se refería Thorstein Veblen en su *Teoría de la Clase Ociosa* escrita en 1899?

Gramsci[3] afirmaba que en todas las áreas de lo cotidiano se construye la legitimidad. El autor italiano desde la cárcel en 1930 escribía en *Literatura y Vida Nacional* –al referirse a la novela de folletín publicada en los periódicos– que éstos son organismos políticos financieros y que no se proponen difundir "las bellas letras" si éstas no hacen aumentar sus ventas.

[2] Op. cit., p. 190.

[3] Elbaum, Jorge, *Antonio Gramsci: optimismo de la voluntad y pesimismo de la razón*, Buenos Aires, Documento de cátedra, 1997; Gramsci, Antonio, Cultura y literatura, Barcelona, Península, 1972. Publicada originalmente como *Letteratura e vita nazionale* [1950].

Hoy, el espacio y la función de "las novelas de folletín" ¿no son ocupados por los bellos anuncios gráficos y notas de moda que, acompañadas por fotografías de cuidada calidad, evocan los sueños de una vida placentera y hedonista, de felicidad y despreocupación? ¿Por qué otra razón –si no la puramente económica– los diarios de tirada nacional le dan tanta importancia a la oferta de la moda de lujo?

En la interpretación freudiana, el deseo narcisista e individualista sería el nudo de la cuestión y los medios de comunicación sus canales principales de satisfacción. Un ser aislado y al mismo tiempo "conectado en redes", respondiendo a una necesidad imperiosa por "pertenecer", caracteriza al nuevo tipo de individuo. Por ende, el uso de estereotipos es fundamental para incluirlo en comunidades de afinidad a las que él mismo duda en ingresar.

Adorno y Horkheimer sostenían que los clisés surgieron, así, por pura necesidad de los consumidores y para que el modelo social los aceptara sin impedimento alguno. Para los exponentes de la Escuela de Frankfurt, aquellos que tienen intereses en la industria (se referían principalmente a la industria automotriz, a la del cine y de la radio) justificarían una industria cultural en términos tecnológicos y conducente a que necesidades similares sean satisfechas por productos *standard*. En sus palabras: "... en los *films* se limitan a diferencias en el número de divos, en el despliegue de medios técnicos, mano de obra, trajes y decorados, en el empleo de nuevas fórmulas psicológicas. La medida unitaria del valor consiste en la dosis de *conspicuous production*, de inversión exhibida...".[4]

El escritor Tommasso Labranza,[5] afirma que en nuestro mundo posmoderno, los objetos de uso diario se han elevado desde el nivel cotidiano al nivel artístico. Una de las causas que el italiano denomina "museización" global ha sido la difusión, también en los niveles menos cultos y pudientes, de las ideas de *design* y de moda.

[4] Op. cit., p. 169.

[5] Labranca, Tommaso, *Neoproletariato: La sconfitta del Popolo e il trionfo dell'Eleganzia*, Cooper &Castelvecchi, Roma, Italia, 2003, p.14.

¿De dónde surgen las modas hoy?

"No pretendas saber, pues no está permitido,
el fin que a ti y a mi, Leucónoe,
nos tienen asignados los dioses,
ni consultes los números Babilónicos.
Mejor será aceptar lo que venga,
ya sean muchos los inviernos que Júpiter
te conceda, o sea éste el último,
el que ahora hace que el mar Tirreno
rompa contra los opuestos escollos.
Sé prudente, filtra el vino
y adapta al breve espacio de tu vida
una esperanza larga.
Mientras hablamos, huye el tiempo envidioso.
Vive el día de hoy. Captúralo.
No te fíes del incierto mañana."

HORACIO, *Carminum I, 11 ("Carpe diem")*

¿No es acaso pertinente que así como en los años veinte se dijo que el psicoanálisis se mezcló con los pinceles y la pintura se prendió de las telas, hoy se afirme que la misma ciencia se mezcle con el consumo de modas?

La moda no surgió de la nada. Muchos autores se han referido a esta cuestión: desde Simmel hasta Tarde, desde Barthes hasta Hobsbawn o Lipovetsky, y en la lista siguen muchos otros.

Las miradas a partir de las cuales el tema de la moda como fenómeno social ha sido y es abordado son múltiples: la imitación como signo de la diferenciación social, (desde arriba hacia abajo y también de abajo hacia arriba –aunque este último fenómeno se dio muy pocas veces a lo largo de la historia–),[6] la necesidad de separación, la manifestación de una ideología, la lectura de la sociedad a través de la lente de la semiología, y también a partir de la mirada de otras ciencias, como la sociología, la filosofía, la economía, la comunicación –e insertas en ella, obviamente, la publicidad y el marketing–.

[6] Se puede tomar para este caso el ejemplo del *jean*. Su uso se popularizó en las clases media y alta en los años 60, como ícono de la expresión de rebeldía contra las normas imperantes del momento por parte de los estudiantes universitarios, quienes utilizaron la vestimenta de las clases trabajadoras a modo de protesta.

Con un interés más práctico, hoy han surgido como una necesidad para "atrapar consumidores" unos personajes que se denominan *trend-hunters:* son profesionales que surgieron del mismo mundo del marketing, del diseño y de la moda con el objetivo de poder comprender anticipadamente las tendencias y captar "lo que se viene". Se trata, en suma, de intentar dilucidar "los caprichos de la moda" para adelantarse a ella, tomarla por sorpresa y cuando sale a escena mostrarle descaradamente su propia foto frente al público que asiste ansioso a la espera de la majestuosa obra de arte y que –casi sin saberlo– ya la está vistiendo. Los cazadores parecieran desafiar la advertencia que el poeta Horacio lanzara tan brillantemente cuando escribió: *¡¡Carpe diem!!* Porque si la moda tiene algo de auténtico habrá que encontrarlo en ese subsuelo tendencial que escapa al rumor de las épocas y que se mantiene semioculto a la espera de su revelación definitiva.

Este desafío de imaginar el futuro para tomar posesión de él y exponerlo antes de que suceda, es el que nuestros perseguidores de tendencias enfrentan cada día para cazar su presa y alzarla a modo de un escurridizo trofeo. Del mismo modo en que las antiguas pitonisas desentrañaban los acontecimientos por venir durante el trance divino, estos "cazadores de tendencias" intentan adivinar qué es lo "que se usará". Para ello, necesitan pasar desapercibidos pues realizan sus observaciones "de campo" fuera de los teatros, a la salida de los grandes eventos, en locales bailables, en restaurantes y fundamentalmente en la calle mientras observan la vestimenta y el comportamiento de la gente o sacan fotos de las vidrieras de los *mega-shops* de las principales ciudades del mundo (Tokio, Londres, París, Milán y New York).[7]

Los esfuerzos de muchas de las empresas "fashion" están dirigidos a llegar a un público deseoso de consumir "productos *premium*", de primer nivel. Con ese fin contratan los servicios[8] no sólo de los modernos cazadores, sino

[7] También Buenos Aires que se ha transformado en una fuente de tendencias en los últimos años.

[8] Que incluye las técnicas más conocidas del marketing como los cuestionarios a clientes, armado de *focus groups*, prueba de productos, etc.

también de diversos especialistas en las áreas de la música, de la moda y de la tecnología (un ejemplo de esto último serían los *community-managers* de las redes sociales).

El objetivo primordial de estos pseudo-antropólogos urbanos es encontrar patrones de comportamiento, de deseos y de anhelos incoados en los usos vigentes para inducir a las empresas hacia la producción de los objetos y de los servicios que el futuro consumidor espera. Elaboran, así, diversas estrategias de comunicación y de comercialización que el lanzamiento de novedades requiere como parte del proceso.

Ahora bien, cabe preguntarse a esta altura del análisis: ¿por qué existe por parte de los consumidores este deseo de ostentación y de adquirir los productos y servicios que se alineen con él? ¿De dónde proviene su poder? ¿Por qué aparece?

Una primera explicación se la puede encontrar en la "teoría de la imitación" de Simmel, que por otra parte, viene a corroborar la tesis de Veblen en su famoso texto.[9] Nos referimos a las afirmaciones del economista norteamericano quien sostiene que la buena fama se logra a través del gasto que debe ser fundamentalmente realizado en cosas superfluas, y esto es así, no sólo para lograr bienestar, sino de manera principal, para lograr "buena fama", es decir, para "hacerse ver".

Aquí se podría aplicar la tesis de Dogana que destaca la serie de valoraciones emotivas que se producen en el momento de la compra y antes de cerrar el trato. Queda claro, pues, que cuando el consumidor adquiere un bien no lo hace solamente por sus cualidades intrínsecas de practicidad o de funcionalidad, sino que lo hace además por su significación, por lo que la posesión del objeto simboliza.

Al respecto, Flügel[10] en sus estudios sobre la psicología del vestido hace una especial referencia a la importancia de lo simbólico ya que según su

[9] *Teoría de la Clase Ociosa*, op. cit.

[10] Flügel, J. C., *Psicología del vestido*, Ed. Paidós, 1964, Buenos Aires, p. 198.

visión, "las nuevas modas, para tener éxito, deben concordar con ciertos ideales corrientes del momento en que surgen. Las mujeres deben ver en la nueva moda un símbolo de un ideal, aunque por supuesto, como con otros símbolos, no es necesaria la percepción consciente de su verdadera significación..."

Es decir que según los lineamientos de éste y otros varios autores, las modas reflejan el espíritu de la época en que se vive. Debe existir una congruencia en lo que se instala *per se*, que surge de la misma sociedad (de allí el trabajo cada vez más solicitado de los denominados "cazadores de tendencias"), y lo que los diseñadores o empresarios de la industria de la moda desean imponer.

En la actualidad, la indumentaria se ha fusionado con todo aquello que parecería ser "urgente", con el "quiero ya", con la necesidad de estar conectados continuamente a través de las nuevas tecnologías. Han surgido así, prendas confeccionadas con telas inteligentes capaces de mantener el calor del cuerpo humano, que emiten sonidos o aromas y hasta efectos antimicrobianos y cicatrizantes que no sólo se pueden utilizar en el ámbito hospitalario, sino también en la vida diaria, que funcionan como paneles solares que toman el calor del sol y son además mucho menos contaminantes en lo que a energía se refiere, etc.

En esta sociedad de consumidores, según la mirada de Bauman, no existen límites. Se ha inaugurado el régimen de una vida adictiva. Por eso, el sociólogo polaco en *Modernidad Líquida*[11] ha llegado a hablar de la compulsión al consumo convertida en adicción. Es decir, que a la necesidad de consumo como hemos visto anteriormente, le precedería el deseo y a su vez éste sería superado por el anhelo. "La vida organizada en torno al consumo debe arreglárselas sin normas: está guiada por la seducción, por la aparición de deseos cada vez mayores y por los volátiles anhelos, y no por las reglas normativas".[12]

Para explicar lo que se pretende decir con "anhelo" el autor empleó las palabras de Ferguson: "... en tanto la facilitación del deseo se basaba en la

[11] Bauman Zygmunt, *Modernidad Líquida*, Fondo de Cultura Económica, Buenos Aires, 2005, p. 80.

[12] Ibídem, p. 81.

Figura 26. Fotografía de publicidad de las Galerías Lafayette tomada en la vía pública por la autora de este trabajo de investigación en la ciudad de París, Francia, enero de 2009.

comparación, la vanidad, la envidia y la "necesidad" de autoaprobación, no hay fundamento detrás de la inmediatez del anhelo. La compra es casual, inesperada y espontánea. Tiene una cualidad de sueño, expresa y satisface el anhelo que, como todos los anhelos, es insincero y pueril".[13]

Se agrega que, si bien es tentadora la tesis de Ferguson en cuanto a la aparición del anhelo[14] como exorbitación del deseo, tampoco se puede dejar de lado la idea de la envidia y la emulación[15] como motores del consumo.

Estos nuevos consumidores, que serían los niños mimados a los que se refería Ortega cuando hablaba del hombre-masa, es aquél que se encuentra en

[13] Ferguson, Harvie, "Watching the world go round: Atrium culture and psychology of shopping", en Rob Shields (comp.), *Lyfestyle Shopping: the Subject of Compsuption*, Routledge, Londres, 1996, p. 31, en op. cit., p. 82.

[14] Según el Diccionario de la Real Academia Española, *anhēlus* (lat.) sería el deseo vehemente (del lat., *vehĕmens-entis*), es decir, "que tiene una fuerza impetuosa y que obra de forma irreflexiva, dejándose llevar por los impulsos".

[15] Del lat. *aemulatĭo, -ōnis*: deseo intenso de imitar e incluso superar las acciones ajenas.

todas las clases sociales, que las atraviesa transversalmente, y que intenta imponer sus caprichos: "... Se quiere que el hombre medio sea señor. Entonces no extrañe que actúe por sí y ante sí, que reclame todos los placeres...." y luego: "... que cuide su persona y sus ocios, que perfile su indumentaria...".[16]

Pareciera que en el hombre contemporáneo, como afirma Bauman rememorando a Camus, existiese la tendencia a ver la vida de los otros como obras de arte y a pretender que la propia tuviese la misma condición artística. Esa obra de arte que se pretende moldear a partir de la flexible materia de la vida sería la "identidad". Siguiendo su pensamiento, advierte que ésta parecería estable y sólida a los ojos ajenos, pero desde la experiencia de vida personal se estimaría todo lo contrario: frágil y a punto de hacerse trizas en cualquier momento. Por esa razón es que el filósofo mencionado afirma que "la moda funciona tan bien: es la sustancia correcta, ni más fuerte ni más débil que la fantasía. Proporciona –y aquí parrafasea a Efrat Tseëlson–[17] "... maneras de explorar los límites sin comprometerse con la acción... y sin sufrir las consecuencias".

En este punto parecería coincidir con Simmel, cuando afirmaba que se sacrifica a la moda la parte exterior para que, de este modo, pueda liberarse la propia responsabilidad. Continuando con Tseëlson: "... el atuendo soñado es la clave para revelar la identidad de la princesa, tal como lo sabe muy bien el hada madrina que viste a Cenicienta para el baile". De ahí que –sostiene Bauman– ir de compras también se relacione con la fantasía de poder adquirir identidades hasta donde uno quiera. "La vida deseada tiende a ser como la vida que se ve en la televisión". De aquí el poder de las imágenes y la necesidad desesperada de grabar y fotografiar la vida personal, y poder verla y reverla con el fin de reafirmar la propia identidad.

Volviendo a los exponentes de la Escuela de Frankfurt, recordando sus palabras cuando se refirieron a la influencia de los productos de la industria

[16] Op. cit., p. 53.

[17] Tseëlson, Efrat; "Fashion, fantasy and horror", en *Arena*, 1998, p. 117, citada en Bauman, 2005, p. 89-90.

cultural, específicamente al cine sonoro: "... Ellos están hechos de tal manera que su percepción adecuada exige rapidez de intuición, capacidad de observación y competencia específica, pero al mismo tiempo prohíben directamente la actividad pensante del espectador, si éste no quiere perder los hechos que pasan con rapidez ante su mirada..." y luego, "inevitablemente, cada manifestación particular de la industria cultural hace de los hombres aquello en lo que dicha industria en su totalidad los ha convertido ya...".[18]

Una época de juventud y masculinidad: ¿otra vez la androginia?

Nadie duda de que se está viviendo una época de "adoración del cuerpo", es decir, de una preocupación excesiva por la estética del físico que alcanza por igual a los varones y a las mujeres. En cierta forma, el cuerpo se ha transformado en uno de los ejes centrales de nuestra vida y, por lo tanto, su cuidado –aquí no se hace referencia sólo a la salud sino también a lo que se refiere a la imagen que presentamos ante los demás– en una de las actividades más demandantes y que insumen un presupuesto creciente.

David Le Breton se ha ocupado del tema y cuenta cómo, a partir de los años sesenta, se produjo una fase de individuación en la población occidental. Este proceso ha aumentado día a día, en una sociedad donde los lazos con los otros son cada vez más precarios y donde los valores narcisistas van en aumento.

Siguiendo su pensamiento, el cuerpo se inmoviliza por una parte (ya que en la actualidad pasamos gran parte de nuestro tiempo desarrollando actividades sedentarias) y por la otra se puede observar una actitud de cuidado del mismo, a través de ejercicios, con la ayuda de aparatos mecánicos. Quietud y movilidad, contradictorios pero que a la vez nos están indicando una disociación entre el alma y el cuerpo.

La importancia cada vez mayor que se le da a la imagen personal parecería fortalecer la naturaleza del ser humano como ser social aunque también hay

[18] Op. cit., p. 171-172.

quienes ven en este hecho la confirmación de un aislamiento progresivo. No hay que olvidar que con la detención de Narciso frente a su imagen irrumpe la liberación del compromiso con los demás, pues en el juego entre lo interior y lo exterior, el éxtasis de la contemplación de la apariencia provoca el abandono de los vínculos que, paradójicamente, también nos constituyen como seres humanos.

Por obra de la publicidad, en la actualidad, el espejo ante el cual uno se sitúa devuelve la imagen "obligada" que compele a la juventud, el dinamismo o la salud para satisfacer la demanda íntima de ser aprobados por la sociedad y por "sí mismo".

Narciso se atreve a reemplazar a Dios "... cuando todo se vuelve inaprensible, incontrolable, cuando se relaja la seguridad existencial, la única certeza que queda es la de la carne en la que el hombre está atrapado, el lugar de la diferencia y de la ruptura con los demás...".[19] Y como ese cuerpo en el que el hombre se encuentra preso necesita cuidados e intervenciones estéticas continuas, su imagen depende de todo aquello que el dinero le puede aportar: capacidad de consumo y belleza que obtiene a través de la vestimenta, de la propia casa, del automóvil y del entretenimiento. Con el progreso de la industria, la acumulación de la riqueza pasa a conformar el pilar de la estima y de la buena reputación. Por ende, se hace fundamental "acumular, adquirir propiedad, con objeto de conservar el buen nombre personal" (Veblen).

Si no se puede dejar de relacionar el dinero con el fenómeno de la moda, por supuesto que la moda y el consumo ostentoso van de la mano también con la estética y con el concepto de belleza de cada momento histórico. En este mundo de incertidumbres, es el cuerpo el último de los refugios seguros donde el individuo encuentra algún tipo de certeza. Este sujeto autónomo que necesita reorganizar sus vínculos sociales para sentirse armonizado con su entorno no puede olvidar que es un ser social. Según el sociólogo

[19] Le Breton, David, *Antropología del cuerpo y modernidad*, Ed. Nueva Visión, Buenos Aires, 1995, p. 171.

y antropólogo francés Le Breton, "se habla tanto más de comunicación de contacto, de calor, de bienestar, de amor, de solidaridad, cuanto más estos valores abandonan el campo social". Y luego continúa: "lugares y tiempos previstos para tales fines productos y servicios despliegan, de a pedazos, estas obligaciones sociales que llevan al sujeto a buscar en la esfera privada lo que no puede esperar de la vida social ordinaria".[20]

En efecto, en las sociedades posmodernas, el cuerpo parecería ser el centro del mundo del sujeto individualista y narcisista, que busca en él las certezas que ya no encuentra ni en la comunidad, ni en el Estado, ni en la religión ni en las ideologías.

En sus palabras: "El hombre poco formal, *cool*, cuida su *look*, y también quiere que lo hagan los demás; es esencialmente, un ambiente y una mirada. El cuerpo se convierte en una especie de socio al que se le pide la mejor postura, las sensaciones más originales, la ostentación de los signos más eficaces. Pero éste debe proporcionar (¿a su dueño?) también una mezcla de espíritu combativo y de flexibilidad, de fuerza y de resistencia, de desenvoltura y de elegancia, sin apartarse nunca de la seducción. Exigencias típicas de la actual atenuación de lo femenino y de lo masculino...".[21]

El antropólogo continúa aseverando que en la actualidad mientras el cuerpo del hombre se "sexualiza", el de la mujer se vuelve más musculoso: "... los signos tradicionales de lo masculino y de lo femenino tienden a intercambiarse y alimentan el tema de lo andrógino que se afirma cada vez más. El cuerpo ya no es un destino al que uno se abandona sino un objeto que se moldea a gusto".[22]

Quizás por esa razón, Ortega llamaba "masculino" a su tiempo pues hallaba que el hombre estimaba su figura más que la de la mujer y cuidaba obsesivamente su cuerpo como sucede en nuestros días.

[20] Ibídem, p. 154.

[21] Ibídem, pp. 154-155.

[22] Ibídem; p. 156.

El pensador español recordó que desde la época de los griegos hasta los años veinte no se había hablado tanto del físico masculino. Y las mujeres admiraban esta figura del atleta. ¿No es acaso de una increíble vigencia esta mirada suya?

Recorriendo las calles de París a fines de la primera década de los dos mil, se podía observar en las vidrieras de algunas de las casas de indumentaria más prestigiosas en esa ciudad una sugerente similitud de la moda actual con la de los años veinte, ya desde los atuendos, ya desde el corte del cabello e incluso hasta en las posturas de los maniquíes.

Ortega pensaba que el suyo era un tiempo masculino y que la mujer lo demostraba imitando al hombre con un cuerpo andrógino: se aplana el pecho: "... el traje actual, aparentemente tan generoso en la nudificación, oculta, en cambio, anula, escamotea el seno femenino..."[23] le da mucha importancia a los deportes y comienza a tener hábitos antes sólo del género masculino: comienza a beber y fumar en público. También lo imita en el vestir. "... ahora la mujer va desnuda como un muchacho..." "... las líneas generales de la actual figura femenina están inspiradas por una intención opuesta: la de parecerse un poco al hombre joven...".[24]

Vienen a la memoria nuevamente en este punto, las palabras de Susana Saulquin ya mencionadas: "... en las épocas con mayores diferencias entre las vestimentas femeninas y masculinas, como por ejemplo en los años previos a la Primera Guerra Mundial, menores son las oportunidades vitales para la mujer...".[25]

[23] Ortega y Gasset, José, "¿Masculino o Femenino?", *El Sol*, 3 de julio de 1927, *La Rebelión de las Masas*, Obras Maestras del Pensamiento Contemporáneo, Ed. Planeta Agostini, Barcelona, 1984 [1930], p. 275

[24] Ibídem, p. 275. El estilo andrógino femenino también se observó en los años setenta y se manifestó en el uso de enormes abrigos, en el uso de pantalones Oxford, en los *sweaters* y en los trajes tejidos.

[25] Saulquin, Susana, *Historia de la Moda Argentina. Del miriñaque al diseño de autor*, Emecé, Buenos Aires, 2006, p. 181.

Figura 27. Fotografía de una vidriera de una tienda de la casa de modas Chanel tomada por la autora de este trabajo de investigación en la ciudad de París, Francia, enero de 2009.

Figura 28. Fotografía de publicidad de la casa de modas Fendi tomada por la autora de este trabajo de investigación en la ciudad de Milán, Italia, enero de 2009.

Siguiendo ese razonamiento, la explicación de porqué la mujer adquiere ese tipo andrógino radica en que estaba en plena lucha por la adquisición de sus derechos y para igualarse al hombre en ese aspecto.

Este estilo andrógino, que se repite en la actualidad, se lo puede observar claramente hojeando una revista femenina o simplemente observando las publicidades de moda en las calles de las principales capitales del mundo. Los cuerpos femeninos son extremadamente delgados, se asimilan a los varoniles y el estilo, ya de su vestimenta, ya de sus posturas y actitudes, nos remite a las imágenes de las mujeres de los años veinte.

Si se rememoran las observaciones de Simmel en la *Filosofía de la Moda*, cuando sostenía que "cuanto más nerviosa es una época, tan velozmente cambian sus modas" y lo explicaba diciendo que esto se debía a que uno de sus soportes principales (los que él llamaba la sed de excitantes siempre nuevos) marchaba en sintonía con la "depresión de las energías nerviosas".[26] Esto lleva a la inevitable pregunta: la época actual ¿no está caracterizada por ese nerviosismo típico que se manifiesta en el cambio veloz de las modas y en la necesidad de adquirir objetos de las marcas más costosas?

Este fenómeno que no distingue clases sociales, se puede observar en las publicidades de las revistas de moda.

La variedad en la variación

Si bien en el imaginario colectivo la moda es un tema frívolo y superficial, no es casual que grandes pensadores de la talla de Veblen, Ortega y Gasset y Simmel, entre muchos otros, le hayan dedicado parte de sus estudios. Y esto se debe a que la moda es un fenómeno social e histórico susceptible de investigación y obediente a causas para nada superficiales. La moda es el lenguaje no verbal de una sociedad, como así también aquello que cada individuo dice sobre sí mismo.

[26] Simmel, Georg, *Filosofía de la Moda*, Revista de Occidente, Madrid, 1924, p. 73.

Como hemos visto, el consumidor al comprar un producto "de moda" no lo hace sólo por su practicidad, sino también por aquello que simboliza y por una serie de variables emotivas que influyen de modo decisivo en el momento de la adquisición.

Es decir, el acto de compra no se reduce al objeto en sí, sino que respondería a causas más profundas que tienen relación con aspectos "intangibles" entre los que se encuentran "la marca", "el deseo" y "el anhelo" como factores de predisposición.

¡Quiero algo de *Gap*! dicen ya no sólo los adolescentes sino también los adultos. No importa si es una remera, un buzo o un par de anteojos. ¡Quiero la marca! Es decir, se desea aquello que no se puede tocar pero que traslade hasta la persona esa supuesta imagen que el *brand* aportaría. Esta necesidad de identificación se convierte en un aspecto relevante en lo que concierne a la jerarquización social y en el afán del ser humano de identificarse por un lado con un grupo de pertenencia, y por el otro separarse mediante la diferenciación.

En una sociedad donde los valores han cambiado, donde algunos hablan hasta de "la muerte de las ideologías", ¿no vendrían las marcas a reemplazar a estas viejas categorías? Pues unas y otras no hay duda de que son intangibles, aunque se vuelven tangibles cuando se manifiestan con hechos contundentes y afectan la propia existencia. Muchos lo advierten cuando se vuelven esclavos de ellas y llegan a vislumbrar que han invertido gran parte de sus ingresos –incluso hasta endeudarse– para poseer estos "intangibles" que les permitan "parecer" y "hacerse ver". Marcas que cumplen la función de provocar envidia, admiración, diferenciación y pertenencia.

Pero ni las marcas ni los objetos en sí logran saciar ese "anhelo" (se lo podría comparar con un pozo que nunca llega a colmarse), pues el círculo que inicia el deseo y que finaliza con la compra nunca logra cerrarse. Reinicia entonces el proceso en una espiral que crece de modo exponencial.

Coincide este fenómeno con el avance de las nuevas tecnologías y la velocidad con que se producen estos cambios. Parecería que el tiempo y el espacio se hubiesen acortado. A través de Internet podemos acceder a diferentes culturas, contactar en segundos a gente de todo el planeta. ¿Y por qué estos cambios no se verían manifestados en la moda? Si ella es expresión, emergente cultural, obviamente de aquello que sucede en la sociedad. En una época donde es imperativo "aparecer", "hacerse ver", donde prima la imagen y las corridas a la última novedad, ¿por qué no se haría manifiesto en la variación y variedad de la moda?

Cada vez son más rápidas las transformaciones tecnológicas y crece de manera alarmante la cantidad de "objetos *fashion*" que se adaptarían a este estilo de vida acelerado y a la necesidad de satisfacer los deseos de modo inmediato y sobre todo de exhibirse. La imagen pasaría a ser uno de los factores más importantes del estilo posmoderno.

Cuenta de ello nos lo brinda simplemente el observar la publicidad de los productos de consumo hoy denominados *cool*: la imagen y la marca. Los tiempos acelerados no aceptan textos ni explicaciones. Sólo imágenes que aludan al cumplimiento de ese anhelo de belleza, distinción o seguridad. Factores que busca el hombre moderno: aislado, cercado por una innumerable gama de posibilidades, obnubilado, temeroso por los tiempos de incertidumbre, a quien no se le debe permitir la racionalización, el "pensar la compra". Es necesario apuntar a las emociones. Allí no cabe la razón. Como ha dicho Pascal: "El corazón tiene razones que la razón no comprende".

Si no, ¿por qué otro motivo es el auge de las imitaciones? Uno de los mercados de marcas falsas más grandes de Latinoamérica que ostenta la Argentina, "La Salada", da prueba de este fenómeno. No es casual, por lo tanto, que en la actualidad, el negocio de la moda mueva en el mundo millones de dólares. Según un estudio (realizado por la revista *Mercado*)[27] el negocio de las marcas del consumo conspicuo mueve en todo el mundo 220 mil millones de dólares. Así, cuando las necesidades básicas están cubiertas, los intentos de diferenciación son más recursivos y la moda se constituye en

[27] "Las marcas del lujo", revista *Mercado*, N° 1077, Buenos Aires, diciembre de 2007, p. 5.

un mecanismo privilegiado para tal fin. Considerada como la necesidad de lo superfluo, en ciertos momentos, su poder se ha extendido o magnificado hacia otros ámbitos de la vida.

Así, Ortega sostenía que en los períodos de gran abundancia de objetos y en cierta forma de "nivelación de la vida", el ser humano los usa para distinguirse. Esta variedad de posibilidades que nos brinda nuestra época también, aunque de distinta manera, ocurrió en otros períodos de la historia. La moda es un signo de esa búsqueda, de esta constante variedad en la variación, como un temple anímico.

La moda como expresión del consumo ostensible, es consecuencia de esta disposición, que nace de la exhuberancia de la vida, de la época de la abundancia, donde el hombre puede levantar la vista sobre lo básico e ir hacia otros horizontes tendenciales.

Pero aquella "variedad en la variación" de la moda pronto se desborda y se convierte en un criterio para la vida; se torna, entonces, en el paradigma del pensamiento social y de la selección valorativa. De ahí que sea lícito recurrir a una metáfora tomada de la biología para explicar su funcionamiento. Según los conceptos neo-darwinianos sobre la evolución, la principal fuente de variación es la mutación y la selección natural su fuerza directriz. La mutación sería un cambio inesperado que se manifiesta de generación en generación. Es una característica que surge por un cambio en un gen y este cambio se transmite a la descendencia como cualquier otro aspecto hereditario. La selección natural es la condición lógica de una determinada situación. Es un proceso a través del cual el medio ambiente influye en los seres vivos de modo tal que sólo los más aptos para sobrevivir tienen posibilidades de reproducirse y aportar a su descendencia estas características de adaptación al hábitat.

Si se aplican estos conceptos de la biología al consumo de moda, (no se puede olvidar que esta última sucede dentro de un ámbito cultural determinado asimilable a un ambiente físico) estas variaciones se verifican de acuerdo con las necesidades de adaptación al entorno y a la evolución sistemática que se va produciendo en los distintos períodos: sociales, históricos, tecnológicos, económicos, climáticos y de adaptación al medio ambiente.

En la moda actual y gracias al gran desarrollo tecnológico, se producen muchísimas mutaciones (espontáneas o provocadas) que promueven la variación. A su vez, favorece la creación de nuevas variedades y hace que, por lo tanto, aumente la gama de las telas y de otros productos de consumo masivo. Muchos de estos materiales, incluso, surgen cada tanto gracias al desarrollo técnico destinado a otros fines y los adopta la moda, los mejora, los mezcla con los clásicos: lana, algodón y fibras naturales en general, y de ese maridaje nacen materiales y productos novedosos: nuevamente, "la variedad en la variación".

Si se toma el ejemplo de las telas, el poliéster surgió con la tecnología del *nylon* modificada. Si bien su principal mercado fue la industria de los envases, en la década del 70, en la actualidad se utiliza para la fabricación de prendas que protegen de las bajas temperaturas. La empresa italiana *Luminex*, fabrica "telas inteligentes": una conjunción entre diseño y tecnología (a través de un entretejido de fibras ópticas en las telas) para ser visible en la oscuridad, con aplicaciones para misiones de rescate y deportes de alto riesgo, o simplemente para lucirlas en locales nocturnos. Asimismo dichas telas son utilizadas en la fabricación de muebles.

Otro ejemplo es el de la fabricación de telas sensibles al tacto fabricadas por la firma británica *Eleksen*, que consiste en la superposición de telas que facilitan que una descarga eléctrica sea transmitida a través de ellas cuando se las toca, generando la posibilidad de usarlas como un teclado. Estas telas se utilizan para la fabricación de la llamada "vestimenta interactiva". Otras empresas fabrican zapatillas que tienen un sistema inteligente de ajuste, Mp3 incorporado y auriculares, camperas con GPS, con un teléfono, micrófono, y botón para contactar a urgencias y a la policía. También las hay con sistema de calefacción incorporado para viajar a bajas temperaturas, que contienen sensores que se conectan con la motocicleta y cascos con auriculares, que permiten la posibilidad de conectar un *I-pod* o mantener una conversación telefónica.

Otros modelos poseen una interfaz para celular y desde ahí se programan y disparan los textos que pueden entrar en sincronía con la música. Además se puede conectar a contenidos provenientes de Internet así publicar informaciones en tiempo real, noticias del mundo, el pronóstico del tiempo, etc. La francesa *Uranium* fabrica jeans que poseen carteles luminosos para transmitir a los demás el propio estado de ánimo.

En el plano militar, en los Estados Unidos de Norteamérica, se están incorporando en los diseños de los uniformes:

> "... sensores que tienen la capacidad de detectar y disparar una respuesta inmediata a ataques químicos y biológicos. Un equipo trata, asimismo, de desarrollar tejidos que incluyen antivirales. Se unen nanopartículas para producir sustancias que destruyen a los tóxicos. Otras los detectan en la atmósfera y los vuelven fluorescentes para poder distinguirlos a simple vista. El uniforme del futuro del ejército estadounidense podrá también curar automáticamente hemorragias, fracturas y evitar infecciones. En experimentos realizados en animales, investigadores del Instituto encontraron una forma de detener las pérdidas de sangre, aun muy las muy serias, en pocos segundos: se aplica un líquido compuesto por fragmentos de proteínas sobre la herida abierta. Estas nanopartículas se combinan, forman una barrera y cortan la hemorragia. Las proteínas pueden de esa manera ser utilizadas por el organismo para reparar los tejidos dañados".[28]

Estas telas y vestimentas, representan sólo un ejemplo de las diferentes formas en que el mundo de la moda genera "mutaciones" con el fin de adaptarse al medio ambiente: protegerse en la guerra, del clima o responder a la necesidad imperiosa de sentirse comunicado constantemente, entre otras.

[28] Fraissard, Guillaume, "Los uniformes militares del futuro: usarán elementos de nanotecnología", diario *Clarín*, Buenos Aires, 7 de marzo de 2007.

Se concluirá por ende, que las variaciones se dan según las necesidades de las distintas culturas, etapas históricas, cambios tecnológicos y situaciones sociales y económicas. El hombre fue evolucionando (entendiendo este último concepto como adaptación y no como progreso) y las variaciones se fueron dando según los requisitos de esta adaptación al medio. Las variedades surgieron dentro de esas variaciones para responder a los deseos y anhelos de los individuos incentivados por el *hábitat*.

A su vez, el ser humano fue desarrollando aún más su capacidad simbólica para integrarse socialmente. Esa capacidad haya sido, quizás, una más de las manifestaciones en el proceso de su evolución o adaptación. La moda, por lo tanto, puede comprenderse también como un instrumento de adaptación al medio, de integración social y a su vez de diferenciación. Y por supuesto de simbolización.

Tomando otro ejemplo, antiguamente los hombres jugaban al tenis con camisas y pantalones largos. Esta vestimenta no les permitía libertad de movimiento. René Lacoste en los años veinte, tuvo la genial idea de crear la remera *polo* para darle al tenista más libertad en el juego y liberarse del acartonamiento.

Este cambio vendría a significar la variación en la moda: es decir cómo se adapta a las necesidades de cada persona, a un momento histórico y cultural determinado. La moda no sería entonces un fenómeno casual y espontáneo. La vestimenta también se adapta a los tipos de actividades y roles que desarrolla el ser humano.

La variedad, por otra parte, aparecería con las opciones: todos los tipos de indumentaria, estilos y hábitos de vida que van surgiendo y cambiando para las distintas estaciones y épocas. Este concepto se extiende también a lo simbólico, especialmente a lo que el ser humano manifiesta de modo no verbal.

Este fenómeno se ha repetido a lo largo de la historia. Se lo puede encontrar durante las dos grandes guerras mundiales cuando la mujer tuvo que adaptarse y ocupar un rol diferente en la sociedad. Más aún, cada vez que ella sale al mundo para decir algo cambia su vestimenta, la adapta al

(izq.)
Figura 29. Publicidad de la marca Lacoste: "Renè Lacoste N° mundial de tennis en 1926 et 1927, Fondateur de Lacoste".

(der.)
Figura 30. Publicidad de la marca Lacoste: "Un peu d'air sur terre".

En *Para Ti Colecciones*, N° 4442, Ed. Atlántida, Buenos Aires, 7 de septiembre de 2007.

medio y a la esfera pública o privada de acuerdo con su precisa circunstancia histórica, social o cultural.

El hombre también cambió su vestimenta cuando nació la sociedad industrial: el traje en serie se adecua más al esquema *tayloriano* de producción industrial. Imágenes de la campaña publicitaria gráfica del año 2010 de la marca deportiva Lacoste son un ejemplo de este concepto de adecuación en un intento de mostrar estos cambios adaptativos de acuerdo con la época y el ambiente. Ayer un hombre, hoy una mujer, quien adapta la indumentaria deportiva para un tipo de vida moderna y urbana.

Se observa allí cómo en esta vestimenta ella lleva un saco ajustado que no podría usar para jugar al tenis, pero sí para "jugar el otro juego que se desarrolla dentro de la vida urbana". Es decir que se adapta al medio en que despliega su vida. Por un lado la comodidad, por el otro la utilización del "intangible" que es la marca, que le brinda "status", diferenciación y al mismo tiempo pertenencia. El color blanco viene a comunicar actividad social y no laboral. También el uso de bermudas por parte de la mujer en una actitud de vida urbana está mostrando el espíritu deportivo, pero no de trabajo.

Por otra parte, las joyas, las perlas (verdaderas o falsas) vuelven a ocupar un papel importante en la imagen personal. La enorme variedad de los perfumes y las fragancias aumentan generalmente en períodos de gran ostentación de la imagen pública. No olvidemos que ellos son puro simbolismo: desde la publicidad que los vende hasta el producto en sí. Vendrían a denotar el acabado final de la buena presencia.

En cuanto a la variedad de perfumes, en la actualidad, se caracteriza muy especialmente por la proliferación de marcas de lujo que lanzan al mercado cientos de ellas. Si se habla de perfumes no se puede dejar de hacer referencia a la intangibilidad y al simbolismo que de éstos "emanan".

La memoria de la moda

Siguiendo los conceptos de evolución y de "variedad en la variación" que se vienen desarrollando, se puede inferir que no es casual que en nuestros tiempos posmodernos se repitan entonces los estilos juveniles de décadas precedentes. Es evidente que en un presente donde se idolatra la juventud, el "estar en forma", el hedonismo y el narcisismo forman parte de nuestra cultura occidental, donde la imagen lo es todo, donde el modelo de "niña alocada y desprejuiciada" está a la orden del día, vuelvan a colgarse de los percheros los vestidos inspirados en los "locos años veinte". Basta hojear cualquier revista femenina actual para verificarlo.

A partir del "crac financiero de 2008", pues, volvieron a reflotarse los estilos de los años setenta: flores, colores, estilos y hábitos más naturales y de mayor armonía con la naturaleza. Las fragancias y los avisos publicitarios muestran imágenes de esta vuelta a la naturaleza, al igual que puede observar una tendencia creciente a la vida sana y al consumo de los productos llamados "orgánicos".

Regresan también las túnicas, las camisas largas y los adornos de colores llamativos. El minimalismo y el retorno a las tendencias "orientales" de vida, bajo la forma de un estilo más relajado también se hacen presentes. En los dos mil se observa un mix de diseño que comprende diferentes "aspectos" de casi todas las décadas del siglo XX.

Llegados a este punto, asoma una pregunta obligada: ¿por qué este retorno de modas pasadas? ¿Simple *snobismo*? ¿Falta de creatividad? Se ha intentado en estudios anteriores dar una explicación: la superposición de la era industrial con la denominada "era del conocimiento". Este pasaje, sin embargo, podría ser sólo una parte de la respuesta. Otra podría venir de la biología. ¿Y si la moda también formara parte de una "memoria genética"? Estos retornos responderían entonces no sólo a los cambios en el medio ambiente y en el contexto histórico y social, sino a un concepto de genética que admite ser aplicado al cuerpo social. ¿No se ha dicho, acaso, que el cuerpo social es un cuasi-organismo vivo? ¿Por qué la moda –tomada como fenómeno que se desarrolla dentro de ese cuerpo social y por lo tanto inherente a una cultura– no aceptaría que se le aplicasen los mismos principios?

Por lo tanto, si la moda se desarrolla en un ambiente social (llámeselo a partir de ahora "organismo social"), ¿no podría ser ella acaso uno de los tantos emergentes de la memoria genética cultural? ¿No podría afirmarse que es la portadora de aquella memoria cuya finalidad fuese preservar la propia identidad y resucitar viejos recuerdos?

Sería, quizás, una memoria relacionada con las mutaciones. El Diccionario de la Real Academia Española define la mutación biológica como: "alteración producida en la estructura o en el número de los genes o de los cromosomas

Figura 31. Revista *Para Ti*, 86° Aniversario, N° 4478; Editorial Atlántida, Buenos Aires, 16 de mayo de 2008.

Figura 32. Revista *Para Ti*, 86° Aniversario, N° 4478, Editorial Atlántida, Buenos Aires, 16 de mayo de 2008.

de un organismo transmisible por herencia" y "Fenotipo producido por aquellas alteraciones".

Siguiendo con la analogía, el fenotipo vendría a ser la variedad que surge de las variaciones debidas a los cambios. Una comparación que se podría aplicar también para explicar el fenómeno de las tendencias. Preguntas como: ¿por qué surgen en un determinado momento ésta o aquélla tendencia? ¿Qué quiere significar este retorno de viejas tendencias en nuestros tiempos posmodernos? ¿Qué nos quiere recordar y para qué? ¿Qué situaciones del siglo XX se repetirían en el siglo XXI que hacen que surjan nuevamente estos "recuerdos de las décadas pasadas?

Una posible respuesta podría ser (¿por qué no?) la de la memoria genética cultural ya abordado por diversos autores desde otras perspectivas ajenas a la moda, pero que se aplicarían a la temática en cuestión. Quede abierto el debate para futuras investigaciones...

7.

A modo de cierre

De cómo lo tangible se vuelve intangible

> "No estamos en el negocio de vender carteras.
> Estamos en el negocio de vender sueños."[1]
> ROBERT POLET, CEO de *Gucci Group*

Se ha llegado al final del camino iniciado para analizar la vinculación entre la moda y el consumo conspicuo. Es hora, pues, de presentar las conclusiones que reúnan los principales puntos alcanzados y que reflejen la vigencia del pensamiento de José Ortega y Gasset y de Thorstein Veblen sobre este tema.

En el conjunto de los avances efectuados, se considera de fundamental importancia comenzar destacando las características de los bienes intangibles concebidos como entidades económicas y que fueron también objeto de estudio de pensadores –como Veblen– allá en las postrimerías del siglo XIX. Recordemos que para este economista los bienes intangibles eran aquellos

[1] "Las Marcas de lujo. El negocio de vender sueños", Revista *Mercado*, N° 1077, Buenos Aires, diciembre de 2007, p. 124.

que tenían que ver con el ocio, es decir con el tiempo que se ocupaba aprendiendo "los modales, la buena educación, los usos corteses, el decoro y, en términos generales, las prácticas formales y ceremoniales".

También Veblen consideraba "bienes intangibles" a los resultados que el sujeto obtenía del uso de aquellos: es decir la buena reputación, la admiración por parte de los otros, la inclusión social en determinados círculos, la envidia y la competencia que motiva su empleo. Por lo tanto, el uso de los bienes intangibles estaba directamente relacionado con un "estilo de vida" que permitía disponer además de dinero, del tiempo libre.

Esas enseñanzas eran la prueba "tangible" no sólo de la distinción del sujeto sino además la evidencia de que se había dedicado tiempo y dinero en su aprendizaje. Para disponer de ese tiempo era necesario no ocuparlo en tareas productivas.

De este concepto de bien intangible pueden rescatarse para esta primera parte de nuestras conclusiones, dos aspectos interesantes. Por un lado, el hecho de que éstos pasarían a ser "visibles" en cuanto, aunque aparentemente superfluos, aportarían, por un lado, aspectos distintivos a la persona que dispone de ellos; y, por el otro, el bienestar que proporcionaría el uso de lo superfluo y que pasa a constituir en muchos casos un factor esencial para el desarrollo de la vida.

Se ha estudiado cómo esos bienes intangibles pasan a convertirse en las necesidades básicas de algunas personas acostumbradas a cierto estilo de vida. Por ende, el privarse de ellos implicaría una disminución en su bienestar tanto físico como psíquico y, por lo tanto, hasta podría disparar los mecanismos propios del instinto de conservación.

Ortega y Gasset alude a este aspecto, cuando afirma que el ser humano no sólo esta en el mundo sino que busca estar bien en él, haciendo que el bienestar se constituya en su necesidad primordial. De ahí que se haya animado a afirmar que para el hombre es perentorio lo "objetivamente superfluo".

Aquí se observa la coincidencia de ambos autores en cuanto a que el instinto de conservación en la especie humana estaría directamente relacionado con el consumo ostensible y con el ansia de emulación.

"Sinónimo de *status*" es la frase que Philippe Merk, CEO de la firma *Audermars Piguet*, utiliza para definir a los relojes de alta gama que la mencionada empresa produce. Y luego continúa: "... lo cierto es que en los últimos años, pese a la crisis económica internacional, aumentaron las ventas..."[2]

Este deseo del consumo ostensible no distingue clases sociales. Veblen afirmaba que ni siquiera los más pobres –salvo en casos de extrema necesidad– abandonaban el consumo consuetudinario. "Se soportan muchas miserias e incomodidades antes de abandonar la última bagatela o la última apariencia de decoro pecuniario". El consumo actual de zapatillas costosísimas o la adquisición de celulares de última generación (incluso por parte de las clases más pobres), en detrimento de otras necesidades, es una demostración de aquella sentencia. Aún más, cuando estas adquisiciones se vuelven imposibles debido a su costo, y no se poseen los medios suficientes para hacerlo, se recurre al mercado de las imitaciones.

El mercado de las falsificaciones de las marcas de lujo es moneda corriente en el mundo moderno. En China, en Italia, en la Argentina[3] y en muchos otros países existen mercados paralelos de "imitaciones" que dan prueba fehaciente de las reflexiones ya expuestas. Este fenómeno se daría con mayor énfasis en los ámbitos de la comunidad donde existe mayor movilidad en la población, como son los centros urbanos.

"Un representante de una casa de indumentaria de primera línea me contaba que estima que circulan cinco veces más carteras falsificadas de las que fabrican" son las declaraciones que hizo Gabriel Estrada, presidente de Davidoff

[2] Nobilo, Claudia, Estilos, "Enhorabuena: ¿Cómo se elige un reloj de alta gama? Un experto explica las claves del mercado", *La Nación Revista*, N° 2112, Buenos Aires , 3 de enero de 2010, p. 42.

[3] "Es el paraíso de la evasión, o la feria que mueve más de 150 millones de pesos por mes. La Salada es, sobre todo, el lugar que se hizo famoso porque la ropa que allí se vende vale entre cuatro y cinco veces menos que en los centros comerciales más conocidos. Y otro argumento indiscutible es que La Salada ya es una "marca registrada", que sigue creciendo y modernizándose: en los últimos dos meses lanzó su propio sitio Web, a principios de diciembre comenzó a emitir un noticiero de televisión (que se puede ver en el mismo sitio) y hasta anuncia el lanzamiento de una tarjeta de crédito. Geddes, Diego, "La salada se moderniza lanzó un sitio web y ya emite un noticiero propio", diario *Clarín*, Buenos Aires, 19 de diciembre de 2009.

Argentina[4] a la revista *Apertura*. Estas declaraciones de los altos ejecutivos de importantes empresas del mercado del lujo estarían indicando que el fenómeno de la ostentación en materia de moda sigue vigente y en aumento.

Respecto del consumo conspicuo, es indudable que se ha acrecentado notablemente en todas las clases sociales. Verdaderos o falsos, "los intangibles" pasaron a ser "el trofeo" que hay que alcanzar como medio de integración social, por un lado, y de diferenciación, por el otro.

Desde una perspectiva histórica, se han encontrado patrones comunes en las tres épocas a las cuales se ha hecho referencia en el trabajo de investigación: en la *Belle Époque* (1890-1914), en los años veinte y en los inicios del siglo XXI. En los tres períodos mencionados –con sus obvias diferencias– se dieron determinados factores comunes: desarrollo industrial y tecnológico, aumento en la variedad de los objetos, extrema atención a la belleza física y la apariencia. También surge la juventud como modelo a seguir, la predominancia del dinero como factor de jerarquización social, el entretenimiento como ocupación privilegiada y la importancia de la buena fama y de la necesidad de hacerse ver. Las tres épocas estuvieron marcadas por el hedonismo y la búsqueda desenfrenada del placer por sobre otros valores.

¿Qué es lo que impone la diferencia del siglo XXI con los anteriores en materia de moda? ¿O es acaso, con las variaciones lógicas que caracterizaron a cada una de ellas, no son tantas las divergencias y sí las convergencias? ¿Acaso la mirada antropológica del economista Veblen no nos estaría dando una respuesta al aplicar una metodología de la observación muy criticada por sus contemporáneos? Ortega y Gasset utilizó la misma técnica cuando descubría que las muchedumbres "ocupaban todo" o cuando se preguntaba ¿de dónde habían surgido? Cuándo hoy se habla de *tendencias*, ¿no se aplica acaso la misma metodología que el economista hizo en 1899 y que Ortega repitió en 1920 expresándola a través de sus escritos filosóficos en formato

[4] Monferrán, Juliana; Mafud, Laura; Radici, Florencia; "Cada vez más *players*", revista *Apertura*, N° 171, Ed. El Cronista Comercial, Buenos Aires, noviembre de 2007, p. 64.

periodístico? ¿Por qué hoy hablar de tendencias es buena palabra y antes era mala? Ambos estudiosos fueron ferozmente criticados por realizar estas observaciones poco ortodoxas.

Sin embargo, hablar ahora de "mayoría" y de "tendencia" es moneda corriente. En la actualidad, "ser como los otros" es una buena conducta. Al mismo tiempo, ser *cool* es lo superlativo de la elegancia, lo apto para "sobresalir" en el juego de las diferenciaciones. Esta aparente contradicción ya la explicaba Simmel cuando se refería a la necesidad de delegar en la moda la responsabilidad de actuar en sociedad de acuerdo con "lo exterior" y de ese modo ser aceptado (hoy preferiríamos decir frecuentar lugares reservados a los *vip*, usar las marcas más *cool* y aparecer lo más posible en fotografías que se suben a la *web*). Los jugadores de fútbol y las modelos toman el lugar de los ídolos a imitar.

Como era en los '20, son las "celebrities" otro grupo de referencia. Las estrellas de cine, antes y hoy, a las que se agregan las "stars" de la televisión, son las que marcan tendencia en lo que a consumo de moda se refiere.

Como lo fue el Ford en los años veinte, el "símbolo visible de esa metamorfosis social", hoy la moda "marca la diferencia" a través del último modelo de tal o cual marca de lujo, de frecuentar determinados lugares, de pagar cifras siderales por una cartera y, si no se dispone del dinero, de alquilarla a través de la *web* para lucirla en una fiesta multitudinaria.

Las palabras de Ortega cuando sostenía que las cosas más serias "marchan y varían regidas por el mecanismo biológico, esencial de la moda, que así asciende a la ley profunda de lo real...",[5] han servido de inspiración para asomarnos –aunque de modo algo superficial– a otra ciencia ajena a las estrictamente sociales, y de este modo intentar comprender mejor el fenómeno del consumo de moda en el siglo XXI. Se ha hecho referencia al uso analógico de la biología para intentar encontrar una explicación para la "variedad en la variación" de la moda. En este sentido, nuestra teoría sobre la "memoria de

[5] Op. cit.

la moda" para introducir un concepto biológico en el mundo de la cultura, ya abordada por otros estudiosos desde otras disciplinas ajenas a ella, pretende ser el catalizador para futuras investigaciones que integrarían aún más a las disciplinas hasta ahora separadas del mundo de la moda y de su consumo. El principio de que el instinto de superación y predominio en el hombre es más significativo que el instinto de conservación, ha sido un aporte de Ortega que se integra perfectamente en este panorama.

Otro aspecto importante que se ha encontrado en los tres períodos analizados es aquello a lo que Ortega gustaba llamar "nivelación de la vida". La moda considerada como fenómeno social, funcionaría entonces como camino de integración. Ello no sería posible de no haber existido la reproductibilidad técnica. Es cierto que Walter Benjamin nos diría que la pieza de arte original pierde "el aura" debido a la industrialización, pero también es cierto que contribuye a la nivelación en la sociedad. Y es a causa de esa nivelación, que la reproductibilidad técnica se transforma en un medio imprescindible para llegar a las muchedumbres y proyectar su visibilidad.

Se ha dicho –en palabras de Ortega– que el hombre necesita siempre un motivo de jerarquización en la sociedad. El dinero, no como acumulación de riqueza sino como distinción valorativa vendría a cumplir ese rol resultando, así, la moda la expresión pública de su poder.

La moda funcionaría entonces como medio de expresión, por un lado, y de integración, por el otro. Hoy existen infinitas posibilidades para ocultarse detrás de una categoría social y la moda no sería otra cosa que la tarjeta de presentación. Ahora bien, se entiende por moda no sólo la vestimenta sino también todo aquello que concierne al estilo de vida, ya sea a través de la adquisición de objetos de la más variada producción, de la alimentación, del entretenimiento, y o de los "intangibles" que son los que estarían marcando una diferencia.

El ser humano necesita certezas, y en momentos de crisis, cuando no las encuentra ni en el Estado, ni en la religión ni en las ideologías, las busca en el dinero y, como se ha mencionado anteriormente las expresa en la moda que es uno de sus emergentes. La marca, ese "intangible" vendría a expresar esa necesidad en el mundo occidental.

Así, se ha llegado al tema de los códigos culturales de la sociedad europea y la norteamericana, con el fin de intentar averiguar si existía un código argentino que nos definiera, dado que éste último sería el resultado de nuestro origen multiétnico. Su estilo consumista deriva tanto del europeo como de los modelos dictados por los estereotipos televisivos norteamericanos. Es decir, se vanagloria de sus orígenes europeos pero le encantaría vivir como los americanos del norte. El argentino ama el dinero pero le asquea hablar del propio con los demás. Es individualista y como decía Ortega, "es un hombre a la defensiva"; "(...) cicerone de sí mismo, nos muestra su posición social como se muestra un monumento"; "(...) a este tipo de hombre le preocupa en forma desproporcionada su figura o puesto social".

Quizás el argentino siga siendo un hombre a la defensiva: inseguro, imitativo y amante de la ostentación. La moda le sirve para expresarse pero también para "defenderse", al decir de Ortega. Le permite ocultarse detrás de una categoría que hoy estaría dada por aquellos "intangibles" a los que ha hecho referencia. Los argentinos seguimos siendo los ideales "compradores de sueños"[6] por eso nos encanta la moda y nos apegamos tanto a ella, a nuestra elegante tarjeta de presentación.

Para concluir, se puede inferir que la moda como expresión del consumo ostensible se ha acrecentado notablemente y atraviesa todo el espectro social a causa de la nivelación de la vida. El interés que despierta se verifica de modo creciente.

[6] Sólo en la Argentina, en un informe elaborado por Mariano Kestelboim en Pro Textil 2008 de la Fundación Pro Tejer titulado "Comportamiento de la Agroindustria Textil y de Indumentaria de la Argentina Post Devaluación", se puede observar como en el período 2002-2008, la inversión de bienes de capital en el sector de la indumentaria fue de un crecimiento exponencial: se invirtieron 3.193 millones de pesos, y por cada millón de pesos invertido se generaron cerca de 80 empleos. En el período 2002-2007 se observa además, como el empleo industrial textil representa el 10,4 de toda la industria nacional.

Si bien esta intangibilidad ha sido ampliamente demostrada por los distintos autores que han analizado este fenómeno, actualmente es legítimo preguntarnos si no es que estamos en el proceso de elaboración de una "metafísica de la moda"; si, quizás, no habrá llegado el momento de buscar detrás de los fenómenos circunstanciales y mutables de la moda los principios permanentes de la esencia humana que en el devenir histórico van tomando formas múltiples. Porque de eso se ha tratado siempre la metafísica: de encontrar lo que está oculto, de develar lo misterioso, de asir lo inasible. ¿Acaso no se ha llegado a través del presente estudio sobre la moda a preguntarnos por esa frontera que obliga, en un rapto cuasi hipnótico, a aventurarnos hacia el ámbito de lo intangible y de lo trans-sensible?

Bibliografía

AA.VV., *La belleza del siglo, los cánones femeninos en el siglo XX*, Ed. Gustavo Gili, Barcelona, 2006.

AA.VV., MULVEY, K.; *Moda Vintage. La evolución de la moda y el vestido en los últimos cien años*, Ed. Parragón, Barcelona, 2008.

ADORNO, THEODOR, *Televisión y Cultura de Masas*, Ed. Lunaria, Buenos Aires, 2002.

BAUDELAIRE, CHARLES, *Salones y otros escritos sobre el arte*, trad. Carmen Santos, Ed. Visor, Madrid, 1997.

BAUDRILLARD, JEAN, *Al'ombre des majorités silencieuses, ou la fin du social*, Editions Denoel/Gontier, París, 1982.

BAUMAN, ZYGMUNT, *Modernidad Líquida*, Ed. Fondo de Cultura Económica, Buenos Aires, 2005.

BENJAMIN, WALTER, *La Obra de Arte en la época de su reproductibilidad técnica,* Traducción de Jesús Aguirre, Taurus, Madrid, 1973 [1936].

Biblia de Jerusalén, Desclèe de Brouwer, Bilbao, 1975.

BONN, M. J., *Prosperity: Ascensión y caída de la riqueza americana*, Ed. Revista de Occidente, Madrid, 1931.

BORGES, JORGE LUIS, *Siete Noches*, Ed. Fondo de Cultura Económica, México, 1986.

——— , "Nuestro pobre individualismo", en *Otras Inquisiciones*, Obras Completas, Ed. Emecé, Buenos Aires, 1974.

BOSCH, JORGE, *Cultura y Contracultura*, Emecé Editores, Buenos Aires, 1992.

BOTTE, S; DOROLA, E.; FULD, R.; ROSSI, D.; TENEWICKI, I; GUZ, M.; STIVALA A., *Mujer, Serie Estudios e Investigaciones*, N° 9, Dirección de Información Parlamentaria del Congreso de la Nación, Buenos Aires, 1995.

BUSSLINGER, NICOLE, *Armonía de fragancias: el maravilloso mundo del perfume,* Tusquets Editores, Barcelona, 1983.

Calvera, Leonor, *Mujeres y Feminismo en la Argentina,* Grupo Editor Latinoamericano, Buenos Aires, 1990.

De Areilza, José María (de la Real Academia Española), *París de la Belle Époque*, Ed. Planeta, Barcelona, 1989.

De Sagastizábal L.; Marcaida E.; Scaltritti, M.; de Luque, S., *Sociedad y Estado. Argentina 1880-1943. Estado, economía y sociedad. Aproximaciones a su estudio*, Centros de Estudio del libro, Buenos Aires, 1994.

Diccionario de la Real Academia Española, Vigésima Segunda Edición, Ed. Espasa Calpe, Madrid, 2008. Disponible en versión electrónica en <http://buscon.rae.es/drael/>.

Diccionario Enciclopédico Ilustrado de la Lengua Española, publicado bajo la dirección de Don José Alemany y Bolufer de la Real Academia Española, Ed. Ramón Sopena, Barcelona, 1931.

Diccionario Latino-Español/Español-Latino, 5° Ed., Real Academia Española e Instituto Cardenal Cisneros, Publicaciones y Ediciones Spes, Barcelona, 1960.

Dogana, Fernando, *Psicopatología del Consumo Cotidiano*, Ed. Gedisa, Barcelona, 1984.

Eco, Umberto, *Historia de la Belleza*, Barcelona, Ed. Lumen, 2007.

——— , "El hábito hace al monje", en AA.VV., *Psicología del vestir,* Ed.Lumen, Barcelona, 1976.

Elbaum, Jorge, *Antonio Gramsci: optimismo de la voluntad y pesimismo de la razón*, Buenos Aires, Documento de cátedra, 1997, *Gramsci Antonio: Cultura y literatura,* Barcelona, Península, 1972. Publicada originalmente como *Letteratura e vita nazionale* [1950].

Fatta, Corrado, Du snobisme, Ed. Buchet-Castel, París, 1961, en De Areilza, José María (de la Real Academia Española), *París de la Belle Époque*, Ed. Planeta, Barcelona, 1989.

Ferguson, Harvie, "Watching the world go round: Atrium culture and psychology of shopping", en Rob Shields (comp.), *Lyfestyle Shopping: the Subject of Compsuption*, Londres, Routledge, 1992.

Flügel, J. C., *Psicología del vestido*, Ed. Paidós, Buenos Aires, 1964.

FRAZER, JAMES GEORGE, *La Rama Dorada Magia y Religión*, Fondo de Cultura Económica, México, 1943.

GRAMSCI, ANTONIO, *Cultura y literatura*, Barcelona, Península, 1972 Publicada originalmente como *Letteratura e vita nazionale* [1950].

HOBSBAWN, ERIC, *Historia del Siglo XX (1914-1991)*, Ed. Crítica, Barcelona, 1995

HORKHEIMER, M.; ADORNO, T., *Dialéctica de la Ilustración*, Fragmentos Filosóficos, Ed. Simancas, Valladolid, 1994.

——— , *Dialéctica del Iluminismo*, Ed. Sur, Buenos Aires, 1971.

KESTELBOIM, MARIANO, *Comportamiento de la Agroindustria Textil y de Indumentaria de la Argentina Post Devaluación*, Fundación Pro Tejer; Pro Textil 2008.

LAVER, JAMES, *Breve historia del traje y la moda,* Ensayos Arte Cátedra, Madrid, 2006.

LABRANCA, TOMMASO, *Neoproletariato: La sconfitta del Popolo e il trionfo dell' Eleganzia*, Cooper & Castelvecchi, Roma, 2003.

LE BRETON, DAVID, *Antropología del cuerpo y modernidad,* Ed. Nueva Visión, Buenos Aires, 1995.

LIPOVETSKY, GILLES, *La era del vacío: Ensayos sobre el individualismo contemporáneo*, Anagrama, Barcelona, 1996.

LOSADA, LEANDRO, *La alta sociedad en la Buenos Aires de la Belle Époque: sociabilidad, estilo de vida e identidades.* Ed. Siglo XXI, Buenos Aires, 2008.

LURIE, ALISON, *El lenguaje de la moda,* Ed. Paidós, Barcelona, 2002.

MARRERO, VICENTE, *Ortega, Filósofo "Mondain"*, Ed. Rialp, Madrid, 1961.

MARTÍN BARBERO, JESÚS, *De los medios a las mediaciones*, Ed. G. Gili, Barcelona, 1987.

MUÑOZ, BLANCA, *Cultura y Comunicación*, Ed. Barcanova, Barcelona, 1989.

O'SULLIVAN, TIM, J. HARTLEY, D. SAUNDERS, M. MONTGOMERY, J. FISKE, A., *Conceptos clave en Comunicación y Estudios Culturales*, Amorrortu Editores, Buenos Aires, 1995.

ORTEGA Y GASSET, JOSÉ, *La Rebelión de las Masas*, [1930], Obras Maestras del Pensamiento Contemporáneo, Ed. Planeta Agostini, Barcelona, 1984; y edición de Thomas Mermall, Editorial Castalia, Madrid, 1998.

——, "De la Elegancia", Selección de textos y citas de sobre la elegancia, preparada por Álvaro Bastida Freijedo, Editorial F.C.E., disponible en <http://www.torredebabel.com/OrtegayGasset/Textos/SobrelaElegancia.htm>.

——, "Meditación de nuestro Tiempo", Curso de Buenos Aires 1928.

——, *Meditaciones del Quijote,* Publicaciones de la Residencia de Estudiantes, Madrid, 1914.

——, *Notas*, Segunda edición, Colección Austral, Ed. Espasa Calpe, Buenos Aires, 1941.

——, *Obras Completas*, Vol. VI, Ed. Alianza/Revista de Occidente, 1946-1947, Madrid, 1983.

——, "Para la Historia del Amor", en *Obras completas*, Vol. III, Ed. Alianza/Revista de Occidente, 1946–1947, Madrid, 1983 [1926].

——, "La Moda subterránea", en *Obras Completas*, Vol. II, Taurus, Fundación Ortega y Gasset, Madrid, 2005 [1924].

Rapaille, Clotaire, *El código cultural*, Editorial Norma, Bogotá, 2007.

Saulquin, Susana, *Historia de la Moda Argentina. Del miriñaque al diseño de autor*, Emecé, Buenos Aires, 2006.

Simmel, Georg, *Filosofía de la Moda,* Ed. Revista de Occidente, Madrid, 1924.

Süskind, Patrick, H., *El perfume. Historia de un asesino*, Ed. Planeta, Buenos Aires, 1991.

Tseëlson, Efrat, "Fashion, fantasy and horror", en *Arena*, 1998.

Veblen, Thorstein, *Teoría de la clase ociosa*, Fondo de Cultura Económica, México, 1944 [1899].

Veneziani, Marcia, *La imagen de la moda,* Ed. Nobuko, Buenos Aires, 2007.

Yapp, Nick, *Décadas del Siglo XX, 1920's*, Ed. Könemann, Getty Images, Londres, 2004.

Willett, John, *The New Sobriety: Art and Politics in the Weimar Period,* Londres, 1978.

Publicaciones periódicas

ABDALA, RAÚL O., "El Aristocratismo de Ortega", diario *La Prensa*, Buenos Aires, 27 de noviembre de 1966.

——— ,"Masa y hombre masa en Ortega y Gasset", diario *La Prensa*, Sección Literaria, Ed. Atlántida, Buenos Aires, 5 de abril de 1981.

BELINI, CLAUDIO, "Una época de cambios: la industria textil argentina entre dos crisis, 1914-1933", en *Estudios Ibero-Americanos, PUCRS*, v. XXXIV, n. 2, diciembre 2008. Disponible en <http://revistaseletronicas.pucrs.br/ojs/index.php/iberoamericana/article/viewFile/4503/3416>.

BULLRICH, SILVINA, "José Ortega y Gasset, y El Hombre a la Defensiva", *Revista Atlántida*, Ed. Atlántida, Buenos Aires, octubre de 1957.

"Clubs de Mujeres", revista *Para Ti*, año IV, N° 171, Ed. Atlántida, Buenos Aires, 18 de agosto de 1925.

"Contra la Melena", revista *Iris*, año IV, N° 178, Ed. Atlántida, Buenos Aires, 6 de octubre de 1925.

"Cómo mueren los cocainómanos", revista *Iris*, Ed. Atlántida, año III, N° 124, Buenos Aires, 21 de julio de 1922.

De Torre, Guillermo, "Ortega y Gasset: El ensayista literario", diario *La Nación,* Buenos Aires, 10 de junio de 1956.

"Distinguidas deportistas femeninas. Cinco minutos de conversación con una footballer", revista *Para Ti,* año I, N° 2, Ed. Atlántida, Buenos Aires, 23 de mayo de 1922.

EBBERFELD, INGELORE, "Botenstoffe er Liebe –Über das innige Verhältnis von Geruch und Sexualität", Frankfurt/M, Campus, 1998. Disponible en: <http://www2.hu-berlin.de/sexdogy/gesund/archiv/spanish/ssmell.htm>.

ETCHEPAREBORDA R., "Irigoyen y el Congreso", en *Diario de Sesiones del Congreso,* Raigal, Vol. II, Buenos Aires, 1956 [1927].

FRAISSARD, GUILLAUME, "Los uniformes militares del futuro: usarán elementos de nanotecnología", diario *Clarín*, Buenos Aires, 7 de marzo de 2007.

GEDDES, DIEGO, "La Salada se moderniza lanzó un sitio Web y ya emite un noticiero propio", diario *Clarín*, Buenos Aires, 19 de diciembre de 2009.

Gente. Testigo del Siglo. La Argentina 1900-1945, Ed. Atlántida, Buenos Aires, noviembre de 1999.

GUEVARA GUZMÁN, ROSALINDA, "¿Cuál es el papel de las feromonas en la conducta sexual humana?", Ed. *Rev. Fac. Med. UNAM,* Vol. 47, No.1, enero-febrero, México, 2004.

"Hombres ricos que no se atreven a casarse", revista *Para Ti,* año IV, N° 178, Ed. Atlántida, Buenos Aires, 6 de octubre de 1925.

"Impresiones del Barón Meyer sobre los grandes modistos de París", revista *Para Ti,* año IV, N° 172, Ed. Atlántida, Buenos Aires, 25 de agosto de 1925.

"José Ortega y Gasset, Así pensaba el hombre que dijo 'Argentinos a las cosas'", revista *Gente*, Ed. Atlántida, Buenos Aires, 28 de abril de 1977.

"Joyas Fatales", revista *Para Ti*, año I, N° 1, Ed. Atlántida, Buenos Aires, 16 de mayo de 1922.

KISSEL EATON, INA, "El golf es un sport apropiado para la mujer", revista *Para Ti,* año I, N° 1, Ed. Atlántida, Buenos Aires, 16 de mayo de 1922.

"La Moda", revista *Para Ti*, año I, N° 1, Ed. Atlántida, Buenos Aires, 16 de mayo de 1922.

"La mujer y el automóvil", revista *Iris*, año III, N° 112, Ed. Atlántida, Buenos Aires, 29 de abril de 1922.

"La Reina María de Rumania", revista *Para Ti*, año IV, N° 173, Ed. Atlántida, Buenos Aires, 1 de septiembre de 1925.

"Las Artistas y la Moda", revista *Para Ti*, año 1 N° 2, Ed. Atlántida, Buenos Aires, 23 de mayo de 1922.

"Las Marcas de lujo. El negocio de vender sueños", revista *Mercado*, N° 1077, Buenos Aires, diciembre de 2007.

"Las víctimas del opio", revista *Iris*, año III, N° 115, Ed. Atlántida, Buenos Aires, 19 de mayo de 1922.

LOZZIA, LUIS MARIO, "Un libro sitiado por el tiempo", diario *La Nación*, 4° Sección Letras, Arte, Ciencia, Buenos Aires, 21 de octubre de 1990.

MONFERRÁN, JULIANA; MAFUD, LAURA; RADICI, FLORENCIA; "Cada vez más *Players*", revista *Apertura*, N° 171, El Cronista Comercial, Buenos Aires, noviembre de 2007.

MALDONADO, PAULINA, "Hojeando la Historia", revista *Para Ti,* N° 4329, Ed. Atlántida, Buenos Aires, 8 de julio de 2005.

MEYER, LUCÍA, "El deporte ¿es enemigo del hogar?", revista *Para Ti*, año IV, N° 173, Ed. Atlántida, Buenos Aires, 1 de septiembre de 1925.

NOBILO, CLAUDIA, "Enhorabuena: ¿Cómo se elige un reloj de alta gama? Un experto explica las claves del mercado", *La Nación Revista*, N° 2112, Buenos Aires, 3 de enero de 2010.

OCAMPO, VICTORIA; "Carta a Waldo Frank", revista *Sur*, año 1, Buenos Aires, verano 1931.

——— ,"Contestación a un epílogo de Ortega y Gasset", revista *Sur*, año 1, Buenos Aires, otoño 1931.

ORTEGA Y GASSET, "De las Atlántidas", El Espectador, Madrid, octubre de 1924.

PORRINI, GUILLERMO LUIS, "Las profecías de Ortega", diario *La Nación*, 4° Sección, Letras, Arte, Ciencia, Buenos Aires, 21 de octubre de 1990.

Revista *Iris*, año III, Nª 112, Ed. Atlántida, Buenos Aires, 29 de abril de 1922.

QUEIROLO, GRACIELA, "Diálogos acerca de lo femenino: Victoria Ocampo y José Ortega y Gasset", Revista de la Facultad de Filosofía y Humanidades, Programa de Maestría en Historia. Universidad Torcuato Di Tella. Disponible en versión electrónica en *Cyber Humanitatis* N° 23, Universidad de Chile, 2002.

RAMELLA, NINO, "La Belle Époque, Divino Disparate", *Más al Sur, Revista de Turismo Cultural y Desarrollo Regional*, N° 3, Colonos Grupo Editor, Buenos Aires, 2007.

RAMOS MEJÍA, MARÍA ELENA, "Tercer recuerdo de Ortega", diario *La Nación*, Buenos Aires, 18 de octubre de 1959.

RASPI, EDUARDO MARCOS, "El buen uso de los sentidos en una comunidad conventual femenina", Revista *Escuela de Historia*, año 5, Vol.1, N° 5, Montpellier, 1283-1285, Consejo de Investigaciones de la Universidad Nacional de Salta, Salta, 2006, disponible en <http://www.unsa.edu.ar/histocat/revista/revista0509.htm>.

SCHERER, FABIANA, "Estar en la vidriera", *La Nación Revista,* N° 2085, Buenos Aires, 21 de junio de 2009.

SOLÍS, LUCIO, "Frivolidades", revista *Para Ti,* año IV, N° 171, Ed. Atlántida, Buenos Aires, 18 de agosto de 1925.

STODDART, MICHAEL, "Cultura y natura del olor humano", Departamento de Zoología, Universidad de Tasmania, 2006. Disponible en <http://www.izt.uam.mx/contactos/n59ne/olor1.pdf>.

Imágenes

1. Toulouse-Lautrec, Henri Marie Raymond, "Moulin rouge: la Goulue" (litografía a colores, 1891).
2. Picasso, Pablo; "Les demoiselles d'Avignon" (óleo sobre lienzo, 1907).
3. "En busca de pichinchas", revista *Caras y Caretas*, IV, N° 134, Buenos Aires, 27 de abril de 1901.
4. Publicidad "Al Palacio de Cristal de Heriberto Hermida" (detalle), revista *Caras y Caretas,* año IV, N° 136, Buenos Aires, 11 de mayo de 1901.
5. "Para la familia", publicidad de la Casa Gath y Chaves (detalle), revista *Caras y Caretas*, número Almanaque, año XIII, N° 587, Buenos Aires, 1 de enero de 1910.
6. Mac Murray, en la película "El Alcázar de los pavos reales", revista *Para Ti,* año I, N° 5, Buenos Aires, 13 de Junio de 1922.
7. "Me gusta su traje" (humor), *Revista Atlántida,* año IV, N° 145, Ed. Atlántida, Buenos Aires, 6 de enero de 1921.
8. "Filantropía", *Revista Atlántida*, año IV, N° 145, Ed. Atlántida, Buenos Aires, 6 de enero de 1921.
9. Edificio Gath y Chaves en "La gran rapidez de las construcciones". Revista Caras y Caretas, año XIII, N° 589, Buenos Aires, 15 de enero de 1910.
10. "Cuentas de la Modista", *Revista Atlántida*, año IV, N° 145, Ed. Atlántida, Buenos Aires, 6 de enero de 1921.
11. "Reunión Aburrida", *Revista Atlántida*, año IV, N° 151, Ed. Atlántida, Buenos Aires, 17 de febrero de 1921.

12. "El Consejo nacional de Mujeres", revista *Caras y Caretas*, año IV, N° 135, Buenos Aires, 4 de mayo de 1901.
13. "Modas", revista *Para Ti*, año IV, N° 170, Ed. Atlántida, Buenos Aires, 11 de agosto de 1925.
14. "La Adivina", revista *Para Ti*, año IV, N° 172, Editorial Atlántida, Buenos Aires, 25 de agosto de 1925.
15. Tapa de revista *Iris*, N° 108, Editorial Atlántida, Buenos Aires, 31 de marzo de 1922.
16. Tapa de revista *Iris*, N° 107, Editorial Atlántida, Buenos Aires, 24 de marzo de 1922.
17. "Interiores Suntuosos", revista *Para Ti,* año IV, N° 170, Ed. Atlántida, Buenos Aires, 11 de agosto de 1925.
18. Publicidad de Automóvil, revista *Para Ti,* año IV, N° 170, Editorial Atlántida, Buenos Aires, 11 de agosto de 1925.
19. Publicidad de automóviles; "1921: Este es otro año", *Revista Atlántida*, año IV, N° 145, Ed. Atlántida, Buenos Aires, 6 de enero de 1921.
20. "Agnes Ayres", tapa revista *Iris*, Ed. Atlántida, Buenos Aires, 10 de mayo de 1922.
21. Publicidad de casa de modas masculina en *Revista Atlántida,* año IV, N° 145, Ed. Atlántida, Buenos Aires, 6 de enero de 1921.
22. Publicidad de casa de modas masculina en *Revista Atlántida*; año IV, N° 156, Ed. Atlántida, Buenos Aires, 24 de marzo de 1921.
23. Publicidad de perfume "La Corrida", revista *Caras y Caretas*, número Almanaque, año XIII, N° 587, Buenos Aires, 1 de enero de 1910.
24. Fotografía de Perfumes Diesel tomada en la vía pública por la autora de este trabajo de investigación en la ciudad de Milán, Italia, enero de 2009.
25. Fotografía de una vidriera de una tienda de venta de calzados tomada en la vía pública por la autora de este trabajo de investigación en la ciudad de Roma, Italia, enero de 2009.
26. Fotografía de publicidad de las Galerías Lafayette tomada en la vía pública por la autora de este trabajo de investigación en la ciudad de París, Francia, enero de 2009.

27. Fotografía de una vidriera de una tienda de la casa de modas Chanel tomada por la autora de este trabajo de investigación en la ciudad de París, Francia, enero de 2009.
28. Fotografía de publicidad de la casa de modas Fendi tomada por la autora de este trabajo de investigación en la ciudad de Milán, Italia, enero de 2009.
29. Publicidad de la marca Lacoste: "Renè Lacaste, N° mundial de tennis en 1926 et 1927, Fondateur de Lacoste", *Para Ti Colecciones*, N° 4442, Ed. Atlántida, Buenos Aires, 7 de septiembre de 2007.
30. Publicidad de la marca Lacoste: "Un peu d'air sur terre", *Para Ti Colecciones*, N° 4442, Ed. Atlántida, Buenos Aires, 7 de septiembre de 2007.
31. Revista *Para Ti,* 86° Aniversario, N° 4478, Editorial Atlántida, Buenos Aires, 16 de mayo de 2008
32. Revista *Para Ti*, 86° Aniversario, N° 4478, Editorial Atlántida, Buenos Aires, 16 de mayo de 2008.

Medios audiovisuales

- "Coco antes de Chanel", película dirigida por Anne Fontaine, adaptación del libro biográfico *L'Irreguliere*, de Edmonde Charles Roux, por el guionista Christopher Hampton, París, 22 de abril de 2009.

Referencias de la autora

Doctora en Ciencias de la Comunicación Social con Especialidad en Publicidad y Lic. en Publicidad por la Universidad del Salvador.

Se especializa en Investigación de los Comportamientos de Moda y Consumo como así también en temas relacionados con la Identidad e Industrias Culturales.

Es Profesora Titular de la Universidad de Palermo en el Departamento de Investigación y Producción de la Facultad de Diseño y Comunicación.

Es autora del libro *La Imagen de la Moda* y de numerosos ensayos sobre comunicación y traductora de textos académicos italianos.

Conferencista del Encuentro Latinoamericano de Diseño y del II y III Congreso Latinoamericano de Enseñanza del Diseño de la Universidad de Palermo, donde además coordina la Comisión "Identidades Locales y Regionales". Estudió y trabajó varios años en Italia.

En la Argentina se desempeñó en importantes agencias de publicidad y organizaciones educativas y ha colaborado con diversos medios de comunicación y prensa en temas que tratan sobre su especialidad. Fue Profesora Titular en la Maestría de Comercialización y Comunicación Publicitaria de la Universidad del Salvador.

www.ingramcontent.com/pod-product-compliance
Lightning Source LLC
LaVergne TN
LVHW050547160826
845677LV00011B/2213

9789875844667